UTE & TILMAN MICHALSKI

WERKBUCH
PAPIER

UTE & TILMAN MICHALSKI

RAVENSBURGER BUCHVERLAG

8 7   98

© 1991 Ravensburger Buchverlag
Gesamtgestaltung und Illustration:
Tilman Michalski
Fotos: Ute Michalski
Umschlaggestaltung: Ekkehard Drechsel
Redaktion: Gisela Walter
Printed in Italy
ISBN 3-473-41073-X

Dank an Herrn Dr. W. Zohner für die Hunde von Seite 16

INHALT

6	Nur ein Stück Papier	72	Löwenzahn, zünde deine Lichter an!
8	Wenn der Frühling kommt	74	Wind- und Wetterhexe
10	Perlen aus Papier	76	Grünohr und Blaumaus
12	Alles aus Luftschlangen	78	Ein komischer Käfer
14	Das Karussell dreht sich schnell	80	Jakob, wo bist du?
16	Der bunte Hund	82	Indianerleben
18	Wenn die Sonne lacht	84	Kunz von Kaufungen
20	Nici, der große Drache	86	Ein Zwerglein steht im Walde
22	Schiff ahoi!	88	Dickhäuter mit dünner Haut
24	Prinzessin auf der Ente	90	Kreise, nach eigener Weise
26	Falt-Falter	92	Papiertheatertänzer
28	Blumenzauber	94	Perliko – Perlako
30	Wasserspielzeug für Strandtage	96	Dichter und Denker
32	Kugelturm	98	Stapeldorf
34	Grüße vom Oktoberfest	100	Im Schattenwald
36	Achterbahn mit Looping	102	Erinnerung an einen Sommer
38	Bei den Pfahlbauern	104	Im Unterwassergarten
40	Knusper, knusper, knäuschen	106	Zauberkästen
42	Weiter Ritt nach Sandvalley	108	Kartenschloß
44	Blaue Märchenstunde	110	Windradbaum
46	Auf den Straßen ist was los!	112	Himmelsstürmer
48	Hier wohnt Familie Maus	114	Indianer am Feuer
50	Kommt ein Vogel geflogen	116	Auf dem Christkindlmarkt
52	Der Zirkus ist da!	118	Lichtertüten
54	Da kam die gute Fee herein	120	Überraschungssterne
56	Das Biest des Monsieur Racine	122	Wenn Weihnachten ist
58	Papprollenspaß	124	Kleisterpapier
60	Gans, wo brennt's?	126	Marmorpapier
62	Sommerschmuck für die Strandprinzessin	128	Batikpapier
64	Rosen, Tulpen, Nelken…	130	Kleine Papiergeschichte
66	Geflochtene Osterkörbchen	132	Papierschöpfen
68	Osterhase, Schnuppernase	136	Kurzinformation
70	Ein Wunder-Ei	138	Register

NUR EIN STÜCK PAPIER

Durch Einschneiden, Rollen, Wellen oder Knicken verwandelt sich ein Stück Papier in ein kleines Tier. Es wird zum *Tausendfüßler*, der mit seinen Fransenfüßen gut stehen kann. Oder es wird zur *Schlange*, die mit ihren „Ziehharmonika-Falten" recht beweglich wirkt. Wenn der kleine Papier-*Igel* wellenförmig gebogen wird, dann kann auch er überall hinkrabbeln. Das *Schneckenhaus* wird über einen Rundstab aufgerollt. Die Fühler sind einfach aufgeklebt.
Es gibt noch viele, verschiedene Papiertiere, zum Beispiel Käfer, Vögel, Raupen oder auch ein Krokodil.

PAPIERTIERE
Papierstreifen
Schere
Kleber

Die *Libelle* hat einen leuchtend blaugrünen Körper. Er besteht aus blauen und grünen Metallfolien, die als Dreiecke zugeschnitten, übereinandergelegt und zusammengerollt werden. Für die schimmernden Flügel nimmt man eine durchsichtige Folie und klebt sie am Körper fest. Der Kopf ist ein kleines Papierknäuel, das in ein Stück Papier eingepackt wird. Dabei werden die Ecken miteinander verdreht, in den hohlen Libellenkörper gesteckt und festgeklebt. Die Augen sind zwei aufgeklebte Perlen. Die Beine werden aus Blumendraht gebogen. Dieser wird zuerst zu einer Schlinge gedreht, dann zusammengedrückt, um den Körper gelegt und unterhalb der Flügel festgeklemmt. Jetzt kann sich die kleine Libelle mit ihren Beinen sogar an einem schwankenden Schilfrohr festhalten.

LIBELLE
Metallpapier
Folienpapier
Tütenpapier
Blumendraht
Klebeband
Schere
Kleber

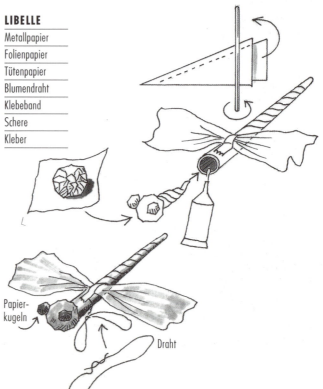

Papierkugeln

Draht

WENN DER FRÜHLING KOMMT

Dann beginnt es auf der Bank vor dem Haus und im kleinen Schrebergarten zu sprießen und zu blühen. Aus dünnem Seidenpapier werden die kleinen Blüten gedreht oder geknüllt.

Die Blüten der *Hyazinthe* sind winzig kleine Papierkügelchen, die rund um eine grün angemalte Pappröhre geklebt sind.

Eine Öffnung der Rolle wird mit geknülltem Seidenpapier verstopft und mit Seidenpapierkügelchen dicht beklebt. Die spitzen grünen Blätter sind aus festem Tonpapier ausgeschnitten und bekommen einen Mittelfalz.

Blütenstand und Blätter stecken in einem *Blumentopf* aus Wellpappe. Dazu wird ein Streifen Wellpappe um die Rolle samt Blätter aufgewickelt. Man kann auch einen echten Tontopf nehmen und ihn mit Sand, Steinchen oder geknülltem Papier füllen.

HYAZINTHEN
Pappröhre
Seidenpapier
Tonpapier
Wellpappe
Schere
Kleber

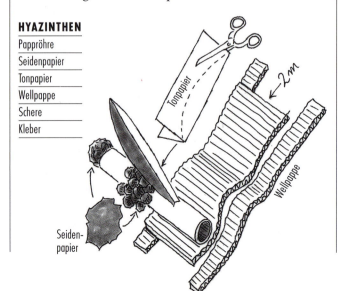

Dieser hübsche Garten wird in einem Kartondeckel angelegt. Seine *Rabatten* sind aus Wellpappe, die *Regentonne* ist aus einer Pappröhre und das *Frühbeet* aus einer kleinen Schachtel gebaut.
Alles wird auf eine zweite Pappe geklebt, unter der sich eine etwa 1 cm dicke Styroporplatte befindet. Dieser Untergrund ist nötig, damit man die Bäume, Sträucher und Bohnenstangen in das Styropor stecken und auf diese Weise besser befestigen kann. Die Löcher dafür sticht man mit einem Nagel oder Vorstecher vor.

Das *Haus* wird auf Karton aufgezeichnet, ausgeschnitten und zusammengeklebt. Wenn man die Hausecken etwas anritzt, dann kann man sie besser umknicken. Das überstehende Dach wird zum Schluß aufgeklebt. Auf den Beeten sprießen die jungen *Salatpflanzen* in zartem Grün, gedreht und geknüllt aus kleinen Fetzchen Seidenpapier. Im Frühbeetkasten wachsen gekrauste Kopfsalatkugeln, ebenso Lauch und Karotten, auf Zahnstocher gespießt.

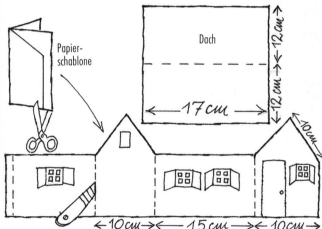

SCHREBERGARTEN
Schachteldeckel
Karton
Wellpappe
dünne Graupappe
Papprolle
kleine Zweige
Schaschlikspieße
Styroporplatte
Papiermesser
Schere
Kleber
Zahnstocher

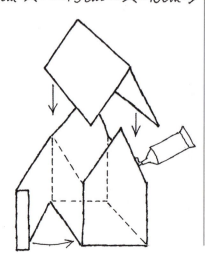

Die Blumenrabatten werden mit kugeligen Blüten gefüllt, die an langen, gewundenen Stengeln wachsen. Um die *Bohnenstangen* schlingen sich Ranken aus gedrehten Seidenpapierstreifen, von kleinen Blätterfetzchen umwunden.

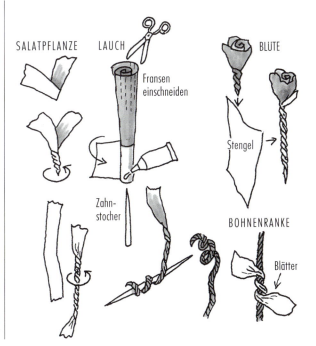

PERLEN AUS PAPIER

Rund oder länglich, knallbunt oder in dezenten Farben zieren die Papierperlen kleine und große Mädchen.

Die runden *Perlen* sind Wattebällchen, die man zur Faschingszeit in jedem Schreibwarenladen bekommt. Mit einer dicken Nadel werden diese Papierkugeln auf dünnen Kupferdraht gezogen. Die Drahtenden werden um die erste und die letzte Kettenperle geschlungen, verwunden und das piksende Ende in das Loch der Randperle gesteckt.

Der Abstand zwischen den Kugeln der mehrreihigen *Kette* ist durch kleine Drahtschlaufen entstanden. Diese werden mit Hilfe eines Stäbchens gedreht.

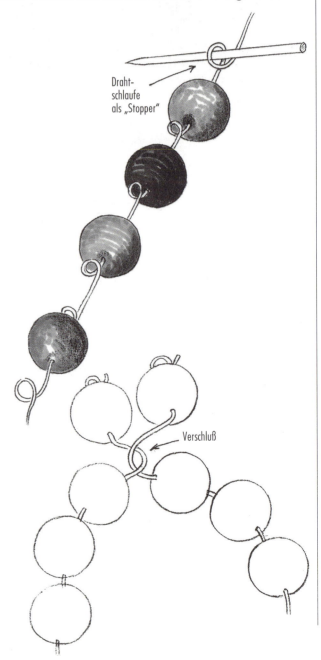

HALSKETTE

Wattebällchen

lackisolierter Kupferdraht

Stopfnadel

Zahnstocher

Die spindelförmigen Perlen des *Armbandes* werden aus Papierstreifen gerollt. Die Form des Dreiecks bestimmt die Form der Perlen. Am breiten Ende beginnend, wird das Papier straff über ein rundes Hölzchen gerollt und das Ende mit Kleber befestigt. Wer will, kann mit Klarlack die Perlen lackieren.
Als Material kann man selbst gefärbtes, uni oder buntbedrucktes Papier nehmen, Katalog- oder Illustriertenblätter, Kunst- oder Kalenderblätter, Geschenk- oder Schmuckpapier.

ARMBAND
buntes Papier
kräftiger Faden
Stopfnadel
Schere
Kleber
Klarlack

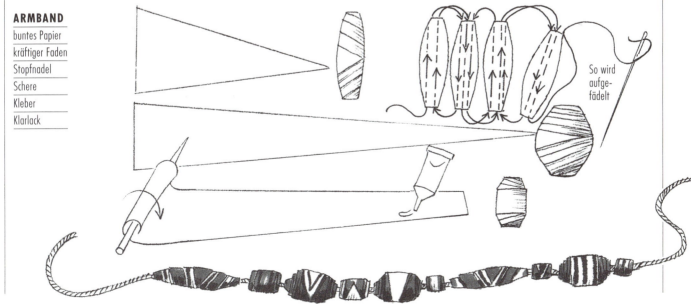

So wird aufgefädelt

ALLES AUS LUFTSCHLANGEN

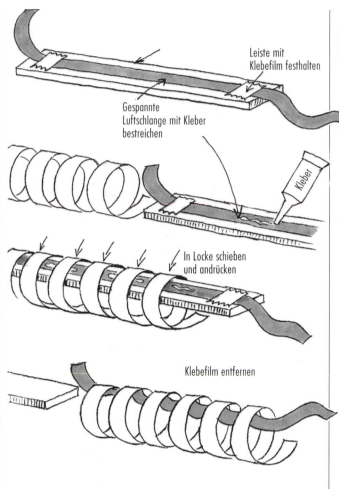

In dieser Faschingssaison muß Ihre Lieblichkeit, die Faschingsprinzessin, nicht mehr zum Friseur – ihre bunten Locken bleiben immer so schön!
Entlang der Innenseite der Luftschlangenlocke wird eine gleichfarbige, gestreckte Luftschlange geklebt. So sind die Locken fixiert und dehnen sich nicht mehr aus. Wie das gemacht wird, zeigt die Zeichnung. Für eine *Perücke* werden mehrere bunte Korkenzieherlocken zusammengefaßt und mit einem Stück Tüll festgebunden. Über den Knoten wird ein Krönchen aus Goldpapier gestülpt und die Perücke mit Haarnadeln auf dem Haupt der Prinzessin befestigt.

PERÜCKE
Luftschlangen
Leiste
Kleber
Tüll
Metallfolienpapier

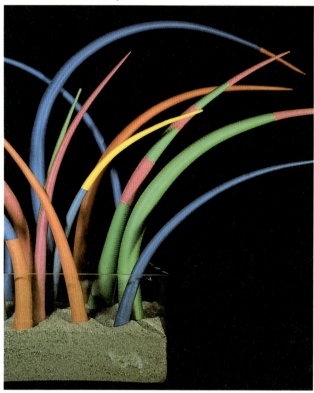

Das *Sandhorngras* ist eine besondere Gärtnerzucht, sie erfordert beim Hochdrücken etwas Geschick. Am besten geht es mit einem Kochlöffelstiel. Ein transparenter Lacküberzug macht die zarten Gebilde stabiler.

SANDHORNGRAS
Luftschlangen
Kochlöffel
Sand
Behälter
Stöckchen

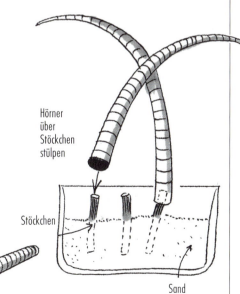

Hörner über Stöckchen stülpen

Stöckchen

Sand

Die anderen *Spielsachen* sind alle aus einer Luftschlange entstanden, die zu einer Scheibe aufgerollt wurde. Wenn man den Mittelpunkt hochdrückt, entstehen die vielfältigsten Formen.

FIGUREN
SCHNECKE
BECHER
SCHALE
Luftschlangen
Kleber
Kochlöffel

Stiel einkleben

DAS KARUSSELL DREHT SICH SCHNELL

Zahnräder aus Wellpappestreifen bringen das Karussell in Schwung. Die *Zähne* der Räder greifen gut ineinander. Damit sie sich nicht verkeilen, müssen die Rippen der Wellpappe genau senkrecht laufen. Das ist beim Streifenschneiden zu beachten! An den Nahtstellen der Streifenenden darf sich der Abstand zwischen den Zähnen nicht verändern.

Das *Dach* und die *Säule* des Karussells bestehen aus verschieden breiten Wellpappestreifen. In die Mitte der Säule wird ein Rundstab geklebt und mit ihm die Streifen aufgerollt. Ebenso wird bei den beiden *Antriebsrädern* verfahren, doch ihre Stäbe werden noch nicht festgeklebt.

Der *Sockel* des Karussells ist ein Pappkarton, in dem eine Styroporplatte liegt. Als erstes setzt man die Karussellsäule auf den Karton. Ihr Rundstab wird durch den Karton und das Styropor gedrückt und das Loch für eine *Plastikbuchse* erweitert. Sie wird mit dem Messer von einem alten Filzstift abgeschnitten und dient als Achsenlager. Eine eingelegte kleine Perle auf ihrem Boden reduziert dort den Reibungswiderstand bei der Drehung.

Aus den beiden anderen Zahnrädern wird der Rundstab gezogen. Nebeneinander werden sie so auf den Karton gelegt, daß ihre Zähne ineinander und in die Karussellsäule greifen.

Wenn sich durch die Drehung eines Rades auch die anderen Räder drehen, kann der *Drehpunkt* der Zahnradscheiben mit einem Nagel oder Vorstecher gekennzeichnet werden. Hier bohrt man zwei Löcher und versenkt, wie bei der Säule, zwei Plastikröhrchen darin. Durch die Zahnradscheiben werden wieder die Rundhölzer gesteckt und mit Kleber befestigt. Ihre überstehenden Enden werden in die Buchsen gesetzt, und das Karussell ist fahrbereit.

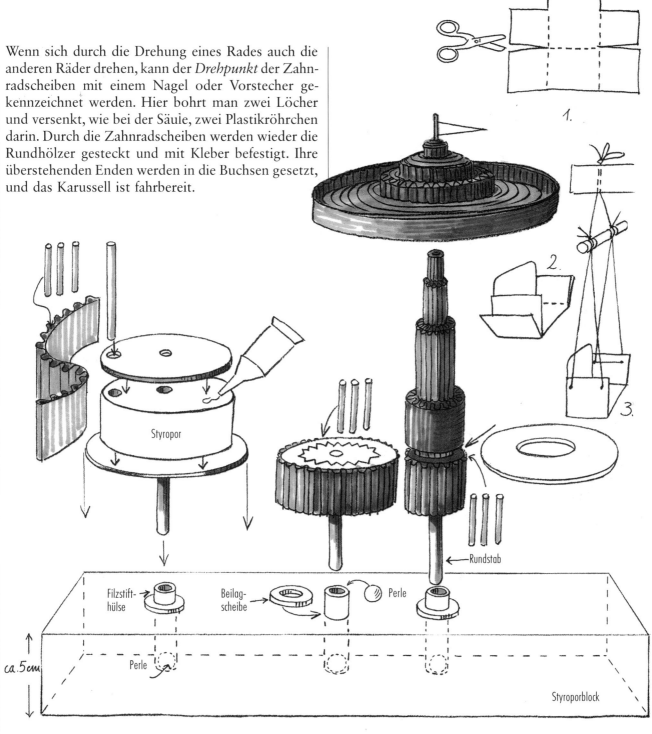

KARUSSELL

Wellpappe	alte Filzstifte
Lineal	Perlen
Winkel	Vorstecher
Papiermesser	Kleber
Schere	Zeichenkarton
Bleistift	Faden
Karton	Rundhölzer, 3 mm stark
Styroporplatte	3 Rundhölzer, 8 mm stark

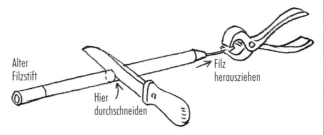

DER BUNTE HUND

Vor dem Obstladen trifft der bunte Hund einen schwarzen. Die Freude ist groß, denn sie kennen sich. Trotz des unterschiedlichen Aussehens sind beide von der gleichen Abstammung: Wellpappe und Kleisterpapier.
Aus Wellpappe werden hohle Röhren für den Körper, den Kopf und die Beine gerollt und mit geknüllter Zeitung ausgefüllt. Einzelne Zeitungspapierstreifen werden mit Kleister bestrichen, damit werden Kopf, Beine und Schwanz an den Körper geklebt. Mit größeren Kleisterpapierstückchen kaschiert man die Übergänge. Der seidige Glanz des Hundefells kommt von der Bemalung mit Dispersionsfarbe.

HUNDE
Wellpappe
Packband
Zeitungspapier
Kleister
Schere
Dispersionsfarbe

WENN DIE SONNE LACHT

Die *große Girlande* besteht aus vielen Fächern. Man braucht dazu einfaches Schreibpapier, bemalt die Ränder mit bunten Streifen und faltet das Papier der Länge nach wie eine Ziehharmonika zusammen. Im Abstand von 20 cm werden die Streifen auf eine Schnur geknotet und die Enden der Streifen aneinandergeklebt. Nach dem Trocknen des Klebstoffs zieht man sie auseinander, so daß sie wie Schmetterlingsflügel aussehen.

GROSSE GIRLANDE

Schreibpapier
Deckfarben
dünne Schnur
Kleber

Beim Sommerfest lacht die Sonne nicht nur vom Himmel, sondern auch aus den Bäumen und Blumenstauden. Haus und Garten sind festlich mit Girlanden geschmückt.

Die große *Sonne* besteht aus einem gelben Streifen Tonpapier. Sie bekommt ihre Form aus „Ziehharmonika-Falten", die an einer Seite mit Nadel und Faden aufgereiht sind. Am Ende wird der Faden zusammengezogen und das Sonnenrad zusammengeklebt. Dann werden aus Tonpapier zwei Kreise ausgeschnitten, lachende Sonnengesichter aufgemalt und vorne und hinten in die Mitte der Sonne geklebt.

SONNE

gelbes Tonpapier
Nadel und Faden
Kleber
Schere
Filzstifte

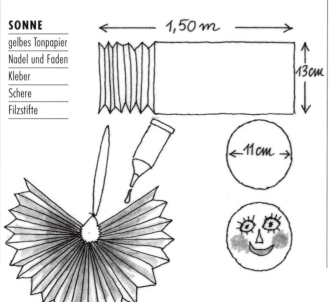

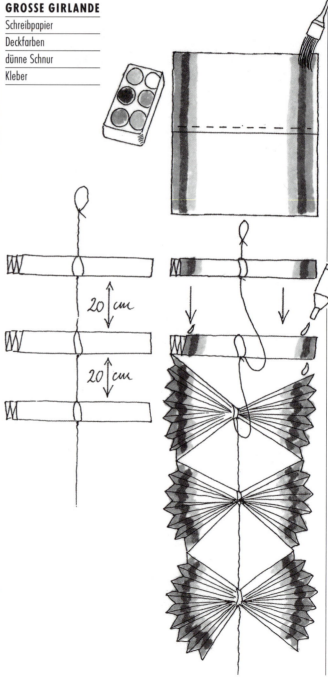

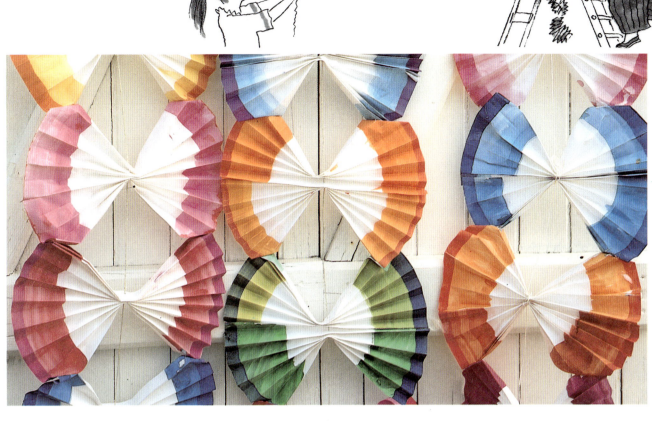

Für die *kleine Girlande* braucht man bunte Papierquadrate. Auch sie werden wie ein Fächer zusammengefaltet und immer zwei Streifen wie ein Kreuz übereinandergeklebt. Nach dem Auffädeln auf eine Schnur werden jeweils die äußeren Ecken der einzelnen Fächer aneinandergeklebt.

KLEINE GIRLANDE

Origami-Faltpapier

dünne Schnur

Kleber

„Ziehharmonika-Falten"

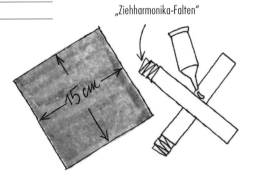

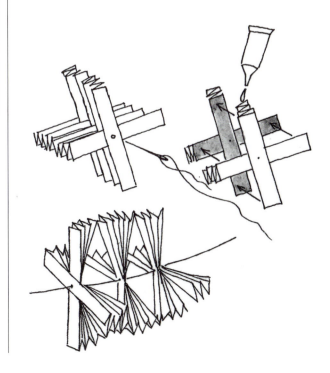

NICI, DER GROSSE DRACHE

KOSTÜM DER DRACHENJÄGER
Poncho aus Packpapier, um die Taille festgebunden; Fellmuster mit Fingerabdruck

Vier Meter lang ist Nici der Drache und lauert mit glühendem Blick und spitzem Zahn im schattigen Farn. Er erschreckt die Jäger, die einer Papierschnitzelspur gefolgt sind und nun vor ihm stehen.

Der *Drache* wird wie eine „Hexentreppe" aus zwei Kartonstreifen gefaltet. Dafür nimmt man mehrere Kartonbögen, die so zusammengeklebt werden, daß sie einen Streifen von 7 m Länge und 80 cm Breite ergeben. Jeder Streifen wird auf einer Seite bemalt, nach dem Trocknen der Länge nach gefaltet und die unbemalte Seite zusammengeklebt. Jeweils ein Ende wird als Schwanz spitz zugeschnitten.

DRACHE
| große Zeichenkartonbögen |
| Kleber |
| Holzbeize |
| Schere |

Für den *Drachenkopf* nimmt man einen Karton von der Größe 160 cm x 160 cm. Wie er gefaltet wird, das zeigen die Zeichnungen 1 bis 7. Die Zähne, die rote Zunge und ein Gaumenzäpfchen werden aus Karton ausgeschnitten, bemalt und ins Drachenmaul geklebt. Das Maul ist beweglich und kann mit einem Schnurzug auf- und zugeklappt werden. Die Schnur wird am Hinterkopf von oben nach unten durchgezogen. Oben wird sie mit einem Papierknäuel abgepolstert, unten wird eine Zugschlaufe geknüpft.

Hier ein Tip für die Bemalung: Am besten eignet sich flüssige Holzbeize, die mit breiten Pinseln aufgetragen wird. Die Farbe kann ineinanderlaufen, das sieht gut aus. Der Körper wird mit Längsstreifen in Regenbogenfarben bemalt und anschließend mit dunkler Farbe bekleckst und gesprenkelt. Der Kopf, der erst nach dem Falten angemalt wird, ist außen grün und im Maul gelb gefärbt. Die Zunge ist leuchtend rot und das Zäpfchen pink – das ist so Drachenart.

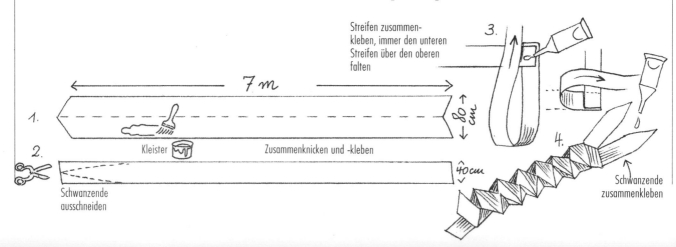

DRACHENKOPF

große Zeichenkartonbögen
Kleber
Holzbeize
Schnur
Schere

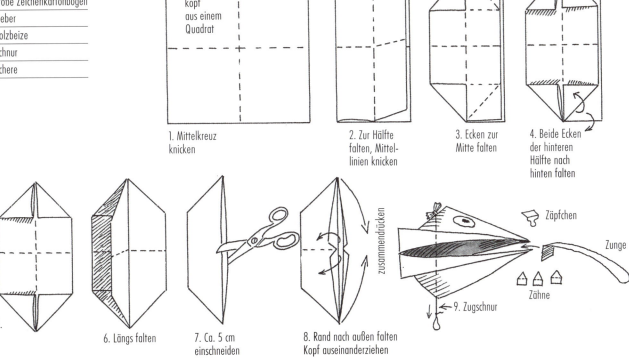

1. Mittelkreuz knicken
2. Zur Hälfte falten, Mittellinien knicken
3. Ecken zur Mitte falten
4. Beide Ecken der hinteren Hälfte nach hinten falten
5.
6. Längs falten
7. Ca. 5 cm einschneiden
8. Rand nach außen falten Kopf auseinanderziehen
9. Zugschnur

Zäpfchen
Zunge
Zähne

SCHIFF AHOI!

Es war einmal ein Segelschiffchen, das war noch nie auf See, doch seine Jungfernfahrt hat es im Brunnen im Park schon bestanden.

Das klassische *Faltschiffchen* mit seinen Matrosen wird aus dem Deckblatt einer Illustrierten gefaltet. Das Kunstdruckpapier weist Wasser besser ab als Zeitungs- oder Zeichenpapier. Wie gefaltet werden muß, zeigen die Zeichnungen.

SCHIFF
SÜDWESTER
JACKE
Illustriertenpapier
Zahnstocher
Wattebälle

JACKE

15 x 15 cm Illustriertenpapier

1. Mittelkreuz knicken
2. Ecken zur Mitte falten
3. Wenden, Ecken zur Mitte falten
4. Wenden, noch mal zur Mitte falten
5. Drei Ecken auseinanderziehen

SCHIFF

Illustriertendeckblatt

1. Mittelkreuz knicken, zur Hälfte falten
2. Ecken zur Mitte falten
3. Rand beidseitig nach oben falten
4. Ecken jeweils nach vorn und hinten falten
5. Helm öffnen, Ecke A + B aufeinanderlegen
6. Nach oben falten
7. Zusammendrücken
8. Ecken auseinanderziehen
9. Schiff

SÜDWESTER

Aus Illustriertenpapier
Format etwa: 7,5 x 5 cm

Bis Nr. 6 wie das Schiff falten, Ecke A diesmal genau in der Mitte hochfalten

Watteball
Hut aufsetzen
Zahnstocher

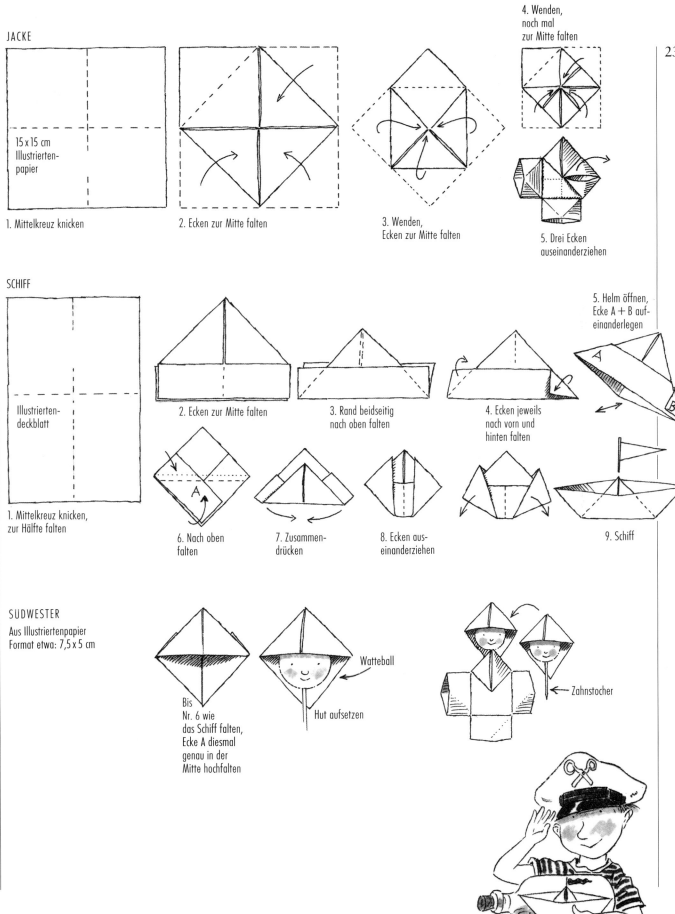

PRINZESSIN AUF DER ENTE

Sie kehrt von einer rauschenden Ballnacht zurück und läßt sich gerne von ihrem Wasservogel nach Hause bringen.

Die *Ente* ist aus wasserfestem Papier gefaltet und kann wirklich schwimmen. Dieses Papier ist Abfallprodukt bzw. die untere Schicht von Klebefolien. Damit der Papiervogel mit seiner königlichen Last nicht umfällt, wird er auf besondere Weise stabilisiert: Ein eingeklebter Korken an der Unterseite spreizt die Ente auseinander. An diesen Korken knüpft man eine Schnur mit einem Steingewicht.

Der Kopf der kleinen *Puppe* wird aus Seidenpapier geknüllt und in einen großen Bogen Seidenpapier eingeschlagen. Das Papier wird in Körperform gedrückt und die Arme daran festgebunden. Das Kostüm schneidert man aus Geschenkpapierresten und klebt es um den Körper.

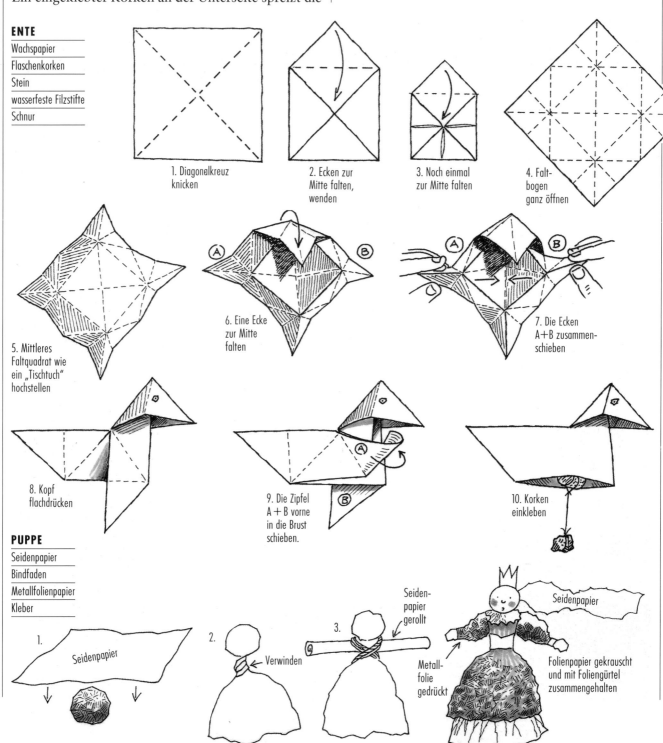

ENTE
Wachspapier
Flaschenkorken
Stein
wasserfeste Filzstifte
Schnur

1. Diagonalkreuz knicken
2. Ecken zur Mitte falten, wenden
3. Noch einmal zur Mitte falten
4. Faltbogen ganz öffnen
5. Mittleres Faltquadrat wie ein „Tischtuch" hochstellen
6. Eine Ecke zur Mitte falten
7. Die Ecken A+B zusammenschieben
8. Kopf flachdrücken
9. Die Zipfel A+B vorne in die Brust schieben.
10. Korken einkleben

PUPPE
Seidenpapier
Bindfaden
Metallfolienpapier
Kleber

FALT-FALTER

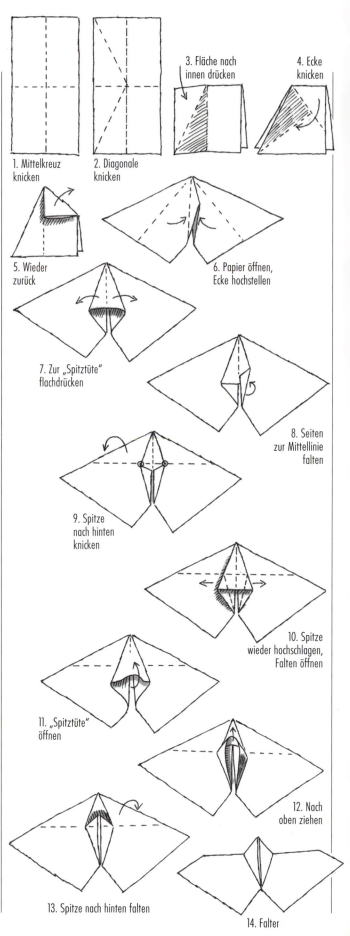

Sie stärken sich am Purpur der Blüten, bevor die Nacht alle Farben nimmt.
Die Flügelkleider der Schmetterlinge und die Kimonos der kleinen Japanerinnen bestehen aus Marmorpapier. Die Herstellung des Marmorpapiers wird auf Seite 126 beschrieben.
Für den *Schmetterling* braucht man ein rechteckiges Papier; die Länge muß doppelt so groß sein wie die Breite.
Das Ober- und das Unterkleid der *Japanerin* hingegen besteht jeweils aus einem Quadrat.

FALTER
Schmuckpapier

UNTERKLEID

1. Mittellinie knicken
2. Ecken falten
3. Seiten fingerbreit von Mittellinie falten

JAPANERIN
Schmuckpapier
Origami-Faltpapier
Wattebälle

KIMONO

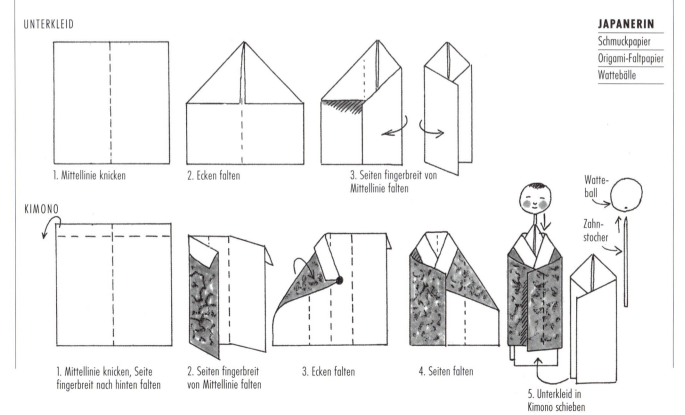

1. Mittellinie knicken, Seite fingerbreit nach hinten falten
2. Seiten fingerbreit von Mittellinie falten
3. Ecken falten
4. Seiten falten
5. Unterkleid in Kimono schieben

Watteball
Zahnstocher

BLUMENZAUBER

Die Blütenpracht dieser Blumen ist unvergänglich, denn Wachs verhindert ihr Verwelken.
Für beide Blumenarten wird ein Kreis aus Zeichenpapier ausgeschnitten. Mit verschiedenfarbigen Ölkreiden (Tulpe) oder Wasserfarben (Phantasieblume) werden bunte Kreise aufgemalt, auch auf die Unterseite der Scheibe.

Für die *Phantasieblume* wird die Scheibe dreimal gefaltet und die Blütenblattform ausgeschnitten. Faltet man die Scheibe wieder auseinander, kommen 12 Blütenblätter zum Vorschein.

Wer eine *Tulpe* mit weniger, aber breiteren Blättern haben möchte, legt den Kreis nur zweimal zusammen und schneidet 1½ Blätter aus. Dabei nicht zu weit in die Mitte schneiden, sonst reißen die Blätter ab. Der Blütenteller wird mit einem Reißnagel auf ein grün bemaltes Rundholz, den Stengel, gedrückt.

PHANTASIEBLUME
TULPE

Zeichenpapier
Deckfarben oder
Ölkreiden
Rundholz
Reißnagel
weiße Kerzenreste
Schere
Kleber

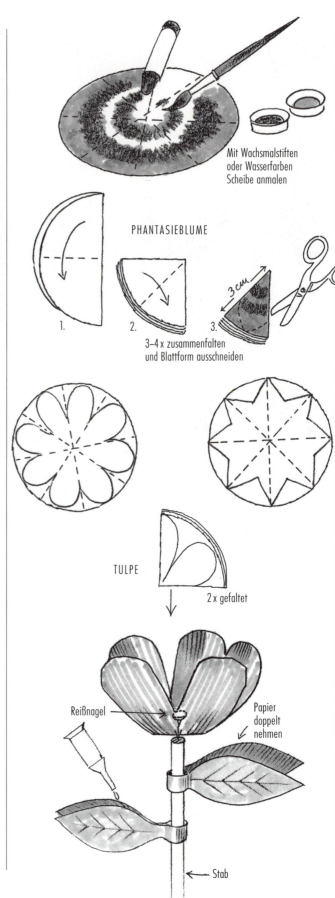

In ein altes Töpfchen füllt man weiße Kerzenreste. Auf dem Herd (Stufe 1 einschalten) wird das Wachs zum Schmelzen gebracht. Wenn das Wachs flüssig ist (ausprobieren: es darf an einem Papierstreifen nicht mehr in dicken Tropfen hängenbleiben), werden die Blüten kopfüber eingetaucht. Beim Herausziehen müssen die Blumen über dem Wachstopf ein paar Sekunden gehalten werden, bis die Blätter steif sind.

Die Tulpen bekommen lange, grüne Blätter aus doppelt geschnittenem Papier. Für die Phantasieblumen gibt es natürlich besonders phantasievolle Blätter. Auch die Blätter werden in Wachs getaucht. Die Stelle, an der die Blätter festgehalten werden, bleibt wachsfrei, damit sie an den Holzstengel geklebt werden können. Die Blumen kann man in eine Vase stellen oder in einen mit Sand oder Steinen gefüllten Blumentopf.

WASSERSPIELZEUG FÜR STRANDTAGE

Leere Milch- und Safttüten sind das Baumaterial für die Spielsachen. Man kann aus ihnen die Wasserrinnen für einen Aquädukt bauen oder mit durchlöcherten Tüten Wasserspuren auf Steine und Sand malen. Mit Farbe und Lack verwandeln sie sich in Schiffe oder Fische, in Wasserschlangen, Hausboote oder Hafenstädte.

Die *Dampfer* werden mit Aufbauten aus kleinen Schachteln und Papprollen beklebt. Damit sie nicht umkippen, wird die untere Schachtel mit Sand gefüllt. Nicht zuviel Sand einfüllen! Vor jedem Wassergang werden die Schiffe etwas geschüttelt, damit sich der Sand im Laderaum gleichmäßig am Boden verteilt, denn der Dampfer soll keine Schlagseite bekommen. Die Wasserspielsachen kann man mit bunten Lacken oder deckenden Farben wie Plaka-, Dispersions- oder Deckfarben bemalen, die zum Schluß einen Überzug aus Klarlack erhalten.

DAMPFER

Milch- oder Safttüten
Sand
deckende Farbe
Klarlack
oder Buntlack

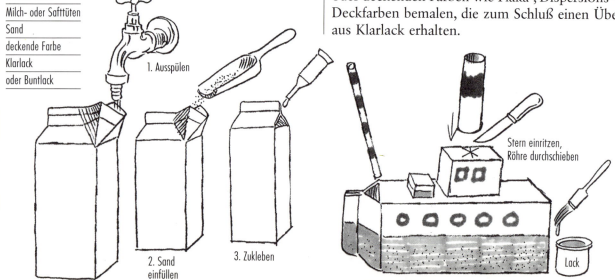

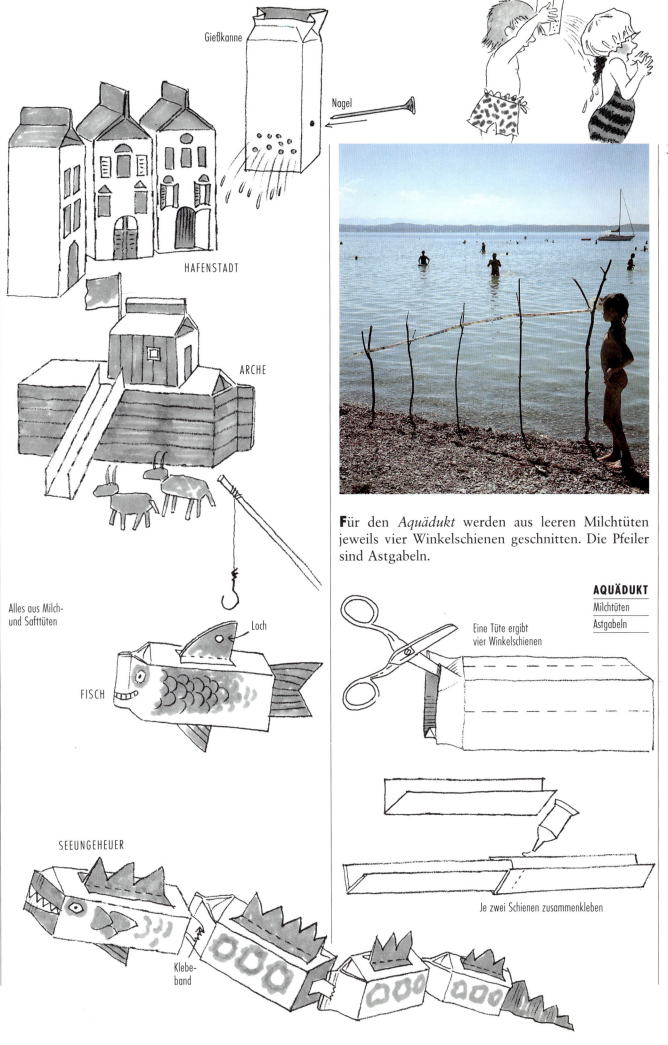

Gießkanne

Nagel

HAFENSTADT

ARCHE

Alles aus Milch- und Safttüten

FISCH

Loch

SEEUNGEHEUER

Klebeband

Für den *Aquädukt* werden aus leeren Milchtüten jeweils vier Winkelschienen geschnitten. Die Pfeiler sind Astgabeln.

AQUÄDUKT
Milchtüten
Astgabeln

Eine Tüte ergibt vier Winkelschienen

Je zwei Schienen zusammenkleben

KUGELTURM

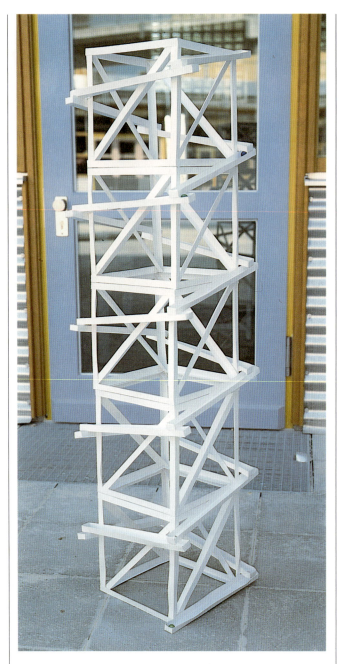

Klack, klack, klack, gleichmäßig klackern die Kugeln den Turm hinunter. Jedesmal, wenn sie in eine neue Laufschiene fallen, gibt es dieses Geräusch.

Die *Rollschienen* sind 30 cm lang. Ihre geknickten Seitenwände müssen ein paar Millimeter höher sein als die rollenden Kugeln. Die Schienen werden, wie es die Zeichnung zeigt, an beiden Enden eingeschnitten und geklebt. Jeweils an einem Ende der Schiene ist eine Klappe nach unten geöffnet. Hier kann die Kugel durchfallen.

Das *Turmgerüst* besteht aus einzelnen Würfelelementen. Ein Würfel mißt 22 x 22 cm. Er wird aus Winkelschienen zusammengeklebt.

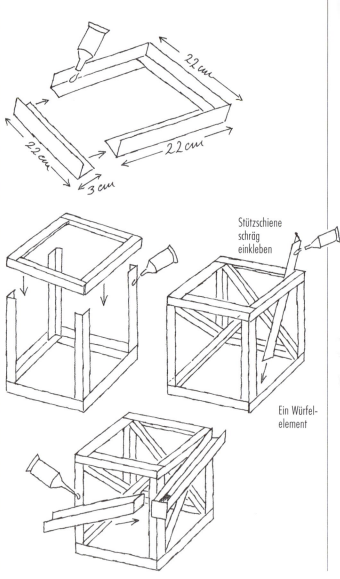

KUGELTURM
dünner Zeichenkarton
Lineal
Bleistift
Winkel
Schere
Kleber

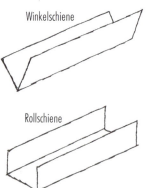

Winkelschiene

Rollschiene

Die Brücke wird aus langen und kurzen Winkelschienen und Papierstreifen, als Planken, gebaut. Mit Hilfe einer Pappschablone werden aus Winkelschienen spitz geformte Gitterträger zusammengeklebt.

BRÜCKE

festes Zeichenpapier
Lineal
Bleistift
Karton
Schere
Kleber

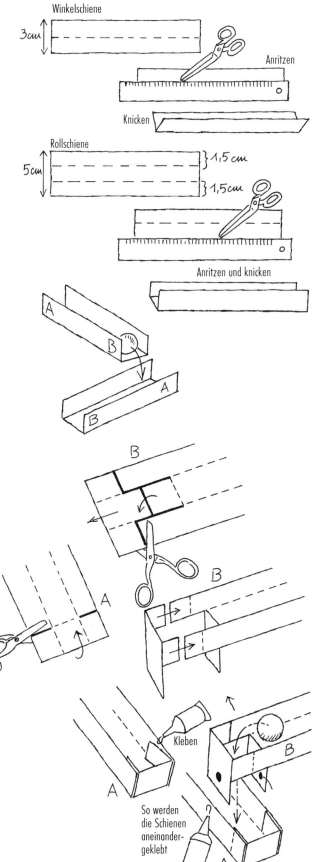

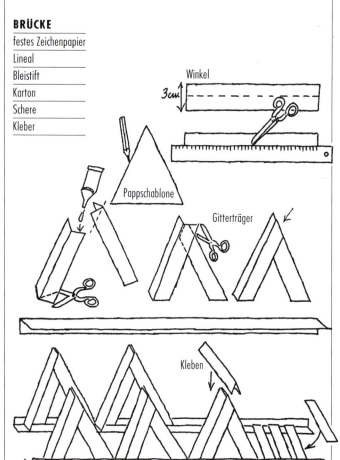

GRÜSSE VOM OKTOBERFEST

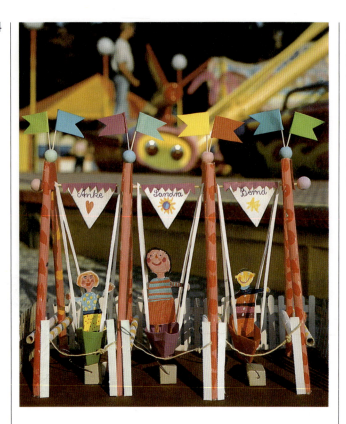

Duft von gebrannten Mandeln, Drehorgelmusik, Geisterbahnheulen und himmelhoch schaukeln – das ist Oktoberfest! Treten Sie näher, meine Herrschaften, in eine kleine Welt der Kinderträume!

Das Gerüst der Schiffschaukel wird auf einen Kartongrund geklebt. Es besteht aus Papierröhren, die mit Dispersionsfarbe bemalt werden. Mit Ecken aus Tonpapier wird das Gestell zusammengeklebt. Ein Schaschlik-Stab ist die Schaukelstange; sie wird durch die Stützen und auch durch die Aufhängebügel der Schaukeln geschoben und mit Wattebällchen an beiden Seiten festgehalten. Aus Tonpapierbögen werden die *Schaukelschiffchen* gefaltet. Die Aufhängebügel schneidet man aus Tonpapier aus und falzt sie der Länge nach, dadurch werden sie stabil. Das untere Ende wird beim Ankleben wieder glattgedrückt. Ein doppelt geschnittenes und über die Schaukelstange geklebtes Papier hält die Bügel auseinander.

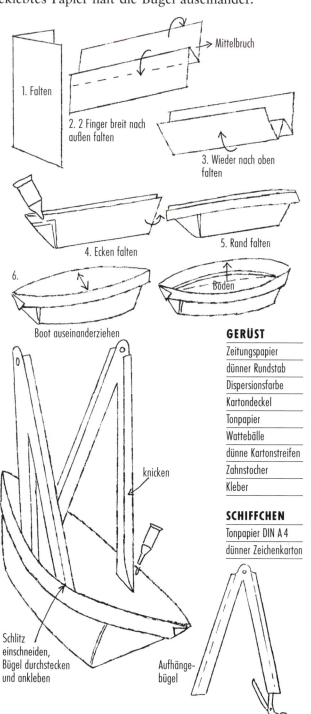

GERÜST
Zeitungspapier
dünner Rundstab
Dispersionsfarbe
Kartondeckel
Tonpapier
Wattebälle
dünne Kartonstreifen
Zahnstocher
Kleber

SCHIFFCHEN
Tonpapier DIN A 4
dünner Zeichenkarton

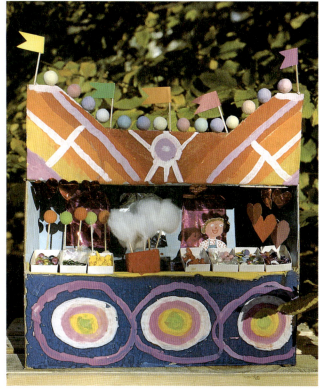

Die kleinen Buden werden aus Schachteln geschnitten und zusammengeklebt, mit Plaka- oder Dispersionsfarbe weiß grundiert und mit Deckfarben bemalt. Jetzt kann man daraus Stände mit Süßigkeiten oder Würstchen, Schieß- oder Wurfbuden basteln.

BUDEN
Schachtel
Dispersionsfarbe
Buntpapier
Streichholzschachteln
Zahnstocher
Wattebälle

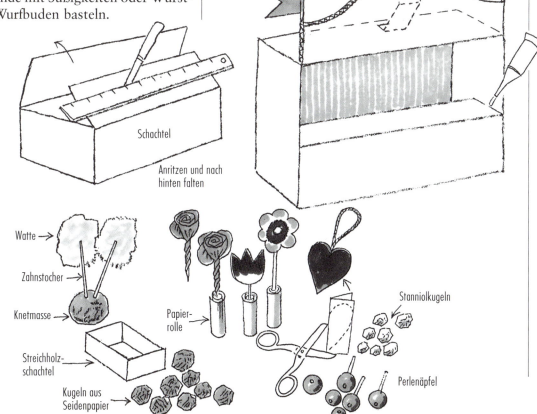

ACHTERBAHN MIT LOOPING

Wer stürzt sich kopfüber ins schnelle Vergnügen? Einsteigen – die rasante Fahrt mit der Loopingbahn beginnt!

Vom Turm aus, der höchsten Stelle des Papiergerüstes, führen zwei *Rollspuren* abwärts: Eine ist schnell, die andere langsam. Bei der schnellen Spur fällt die Kugel aus einer steilen Rinne in eine *Loopingrolle*. Mit hoher Geschwindigkeit wird sie von dort aus in das nachfolgende Schienenstück geschleudert. In Kurven, Wellen oder flachen Geraden geht es dann weiter.

Die langsame Spur schlängelt sich in flachen Windungen kreuz und quer durch das Papiergestänge nach unten. Wie der Beginn liegt auch das Ende der beiden Spuren nebeneinander.

Das *Gerüst* der Achterbahn besteht aus gerollten Papierstäben. Sie werden zusammengesteckt und -geklebt und auf einem Kartondeckel befestigt. An diese Papierrollen werden die kurvigen und geraden Bahnen geklebt.

Für die Schienen werden Papierstreifen u-förmig geknickt. Bei Kurvenschienen wird der Streifen rechts oder links, der Kurve entsprechend, eingeschnitten, zum Kurvenbogen zusammengeschoben und festgeklebt. Soll die Schiene eine Welle oder eine Loopingschlaufe bilden, werden beide Seiten eingeschnitten.

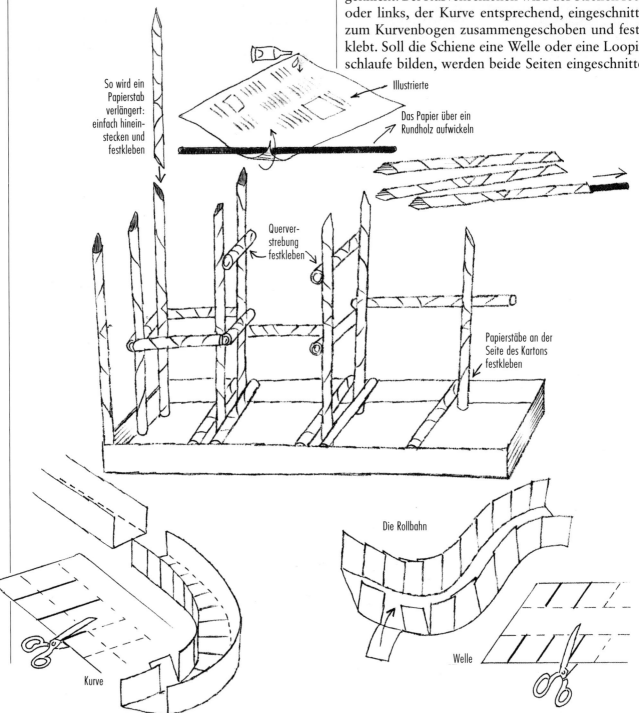

So wird ein Papierstab verlängert: einfach hineinstecken und festkleben

Illustrierte

Das Papier über ein Rundholz aufwickeln

Querverstrebung festkleben

Papierstäbe an der Seite des Kartons festkleben

Kurve

Die Rollbahn

Welle

37

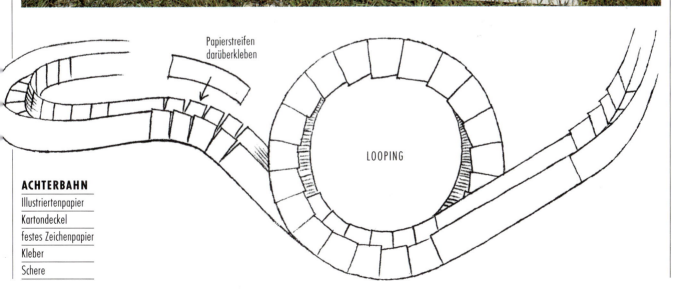

Papierstreifen darüberkleben

LOOPING

ACHTERBAHN
Illustriertenpapier
Kartondeckel
festes Zeichenpapier
Kleber
Schere

BEI DEN PFAHLBAUERN

PFAHLBAUDORF

Styroporplatten
Grundplatte
Spachtelmasse
Dispersionsfarbe
Zeitungspapier
Karton
dünne Rundhölzer
Kleber
trockenes Gras
Ponal
Schere
Schabewerkzeug

Es gab sie wirklich, die Pfahlbauten in Europa. Überreste fand man in der Schweiz, in Norditalien, in den Ostalpen und am Bodensee. Als Schutz vor Feinden und wilden Tieren haben die Menschen damals ihre Häuser auf Pfählen in Ufernähe errichtet. In extra Stallgebäuden lebten dort auch ihre Tiere. Die Pfahlbauern ernährten sich von Fischen oder von Wild. Am Ufer bauten sie Getreide an. Dicke Baumstämme, mit Feuer ausgebrannt, waren ihre Boote.
Das *Pfahlbauhaus* des Siedlungsmodells wird aus Karton geschnitten und zusammengeklebt. Weiteres Baumaterial sind Papierrollen, die dünn aufgerollt und mit Dispersionsfarbe bemalt werden.

Die *Wände* werden mit den Rollen und das Dach mit trockenen Gräsern beklebt. Jedes Haus wird auf einen Steg aus Papierrollen gestellt. Die hohlen Pfosten der *Stege* stülpt man über hölzerne Spießchen, die im Styroporgrund stecken.

Für den *Untergrund* bzw. das Gelände werden Styroporplatten mit Ponal bestrichen und auf einen festen Karton oder eine dünne Spanplatte geklebt. Ist der Kleber getrocknet, nimmt man Messer und Löffel als Schabewerkzeuge und kratzt See und Fluß aus. Als Hügel klebt man zusätzlich Styropor auf. Die fertige Styroporlandschaft bekommt einen Überzug aus gefärbter Spachtelmasse (siehe Seite 136).

Die *Bewohner* des Pfahlbaudorfes entstehen aus Papierröllchen. Mit Kleisterpapierstreifen werden die Röllchen aneinandergeklebt und mit Dispersionsfarbe bemalt.

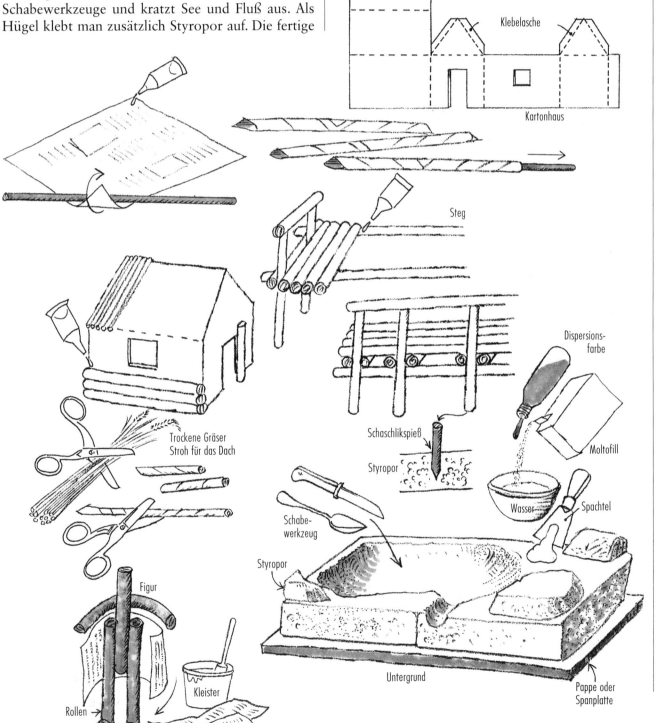

KNUSPER, KNUSPER, KNÄUSCHEN

Das *Hexenhaus* wird aus einem unbedruckten Karton gebaut und mit Lebensmittelfarbe bemalt. Mit einem spitzen Messer schneidet man Fenster und Türen aus. So kann auch das Innere des Häuschens genutzt werden, vielleicht mit einem Hexenbett für die Hexenpuppe oder als Vorratskammer für weitere süße Schätze?

Das Dach wird auf seiner Oberseite mit Folienpapier bezogen. Von ihm lassen sich die Lebkuchen leichter lösen als von Pappe. Zur Befestigung des Daches müssen Klebelaschen angebracht werden.

HEXENHAUS

Karton

Lebensmittelfarbe

Metallfolienpapier

Zuckerguß

Von diesem Häuschen darf geknabbert werden! Nach altem Rezept hat die kleine Hexe den Teig für die Pfefferkuchen zubereitet und mit Plätzchenformen die Lebkuchen ausgestochen.

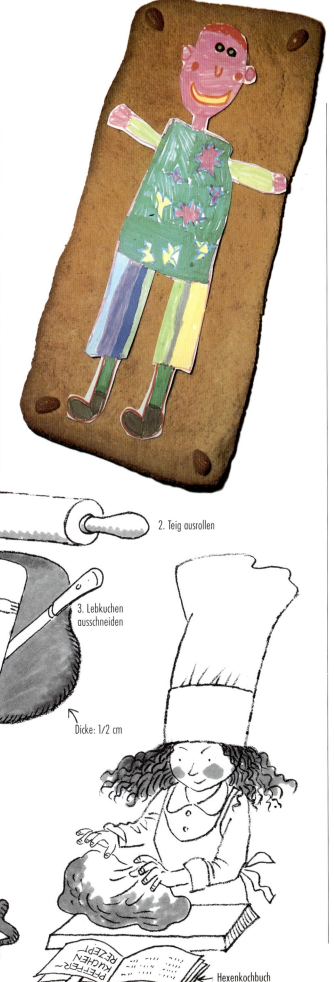

Früher gab es auf dem Christkindlmarkt oder in den Bäckereien große *Lebkuchen* mit bunten Aufklebebildern zu kaufen. So werden sie selber gemacht: Das Motiv, zum Beispiel Hänsel und Gretel, den Nikolaus, einen bunten Weihnachtsstern oder ein verschneites Häuschen mit ungiftigen Filzstiften auf stärkeres Zeichenpapier zeichnen und ausschneiden. Zum Maßnehmen auf den ausgewellten Lebkuchenteig legen (Vorsicht: der Teig ist sehr klebrig!) und mit spitzem Messer den Lebkuchen ringsherum ausschneiden. Das Papier wieder abnehmen, den Lebkuchen backen und, wenn er noch warm ist, das Bild mit Zuckerguß aufkleben.

Lebkuchenrezept: 200 g Honig, 100 g Zucker, 50 g Schmalz zusammen erhitzen, auf 500 g Mehl gießen und erkalten lassen.
2 Eier, je 1 Teelöffel Zimt, Muskat, Pfeffer, Piment, Ingwer, 1 Päckchen Backpulver dazumischen, kneten und einige Zeit kühl stellen. Portionsweise 5 mm stark auswellen und Formen ausstechen. Im vorgeheizten Backofen ca. 10 Minuten bei 195 Grad backen.

1. Bild ausschneiden
2. Teig ausrollen
3. Lebkuchen ausschneiden

Dicke: 1/2 cm

LEBKUCHEN
dünner Zeichenkarton
ungiftige Filzstifte
Zuckerguß

Hexenkochbuch

WEITER RITT NACH SANDVALLEY

Der Weg führt den einsamen Cowboy durch Kakteenwälder, zerklüftete Schluchten und einsame Sierras – aber es lohnt sich. Die Stadt macht zwar einen etwas verlassenen Eindruck, doch der Planwagen ist bis oben gefüllt mit Schätzen!

Die *Westernstadt* ist aus Getränkekartons gebaut. Stört der äußere Aufdruck, können die Kartons an der Klebestelle geöffnet, gewendet und mit der Innenseite nach außen wieder zusammengeklebt werden. Mit einem Papiermesser werden die oberen Laschen abgetrennt. Die geschwungene Frontseite wird mit Hilfe einer Schablone aufgezeichnet und ausgeschnitten. Alle Häuser sind auf einen vorspringenden Unterbau aus Karton geklebt. Auf Säulen gestützte Vordächer sollen die Bewohner vor Regen und sengender Sonne schützen. Zu den Laubengängen führen kleine Treppchen. Mit flüssiger Holzbeize werden die Häuser bemalt.

Der kleine *Planwagen* wird in eine Schachtel gebaut und besitzt eine lenkbare Vorderachse. Ihre Konstruktion ist auf der Zeichnung erklärt.
Der *Cowboy* aus Karton wird mit dem Einschnitt zwischen seinen Beinen auf den Pferderücken gesteckt. Das Tier steht von alleine, weil seine Beine leicht nach vorn und nach hinten gebogen sind.

STADT

| Getränkekartons |
| Beize |
| Schere |
| Papiermesser |
| Kleber |

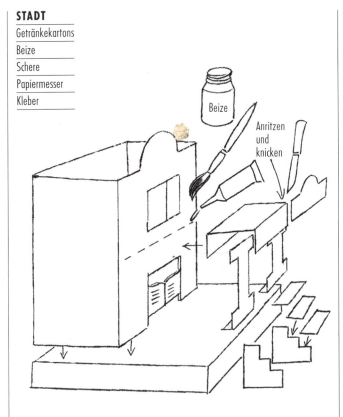

PLANWAGEN

| Schachtel |
| Tütenpapier |
| dünne Graupappe |
| Zahnstocher |
| Korken |
| Kleber |

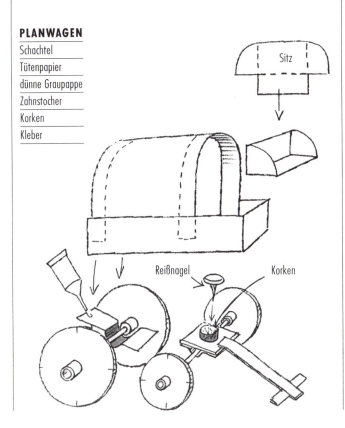

COWBOY

| Graupappe |
| Deckfarben |
| Schere |

43

BLAUE MÄRCHENSTUNDE

Im letzten Licht des Tages glänzen die Kuppeln und Fähnchen der Stadt am Hang. Und wenn die Nacht sich niedersenkt, dann fällt bunter Schein aus den Fenstern. Dann werden sich die Palastbewohner auf weichen Kissen an leise plätschernde Brunnen lagern und den Märchenerzählern lauschen.

Pappkartons und Schachteln aller Größen und Formen, aufeinander- und nebeneinandergeklebt, mit Türmen aus Pappröhren und Kuppeln aus metallfolienbezogenen Tennisbällen werden zur orientalischen *Märchenstadt*. Die ausgeschnittenen Fenster sind mit Transparentpapier hinterlegt und werden von innen durch kleine Birnchen mit 4,5-V-Batterien erhellt.

STADT
Pappkartons
Pappröhren
Schachteln
alte Tennisbälle
Dispersionsfarbe
Drachenpapier
Glühbirnchen
4,5-V-Batterien
Pappmesser

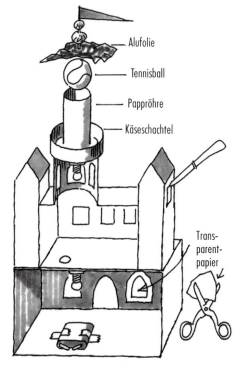

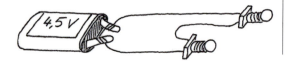

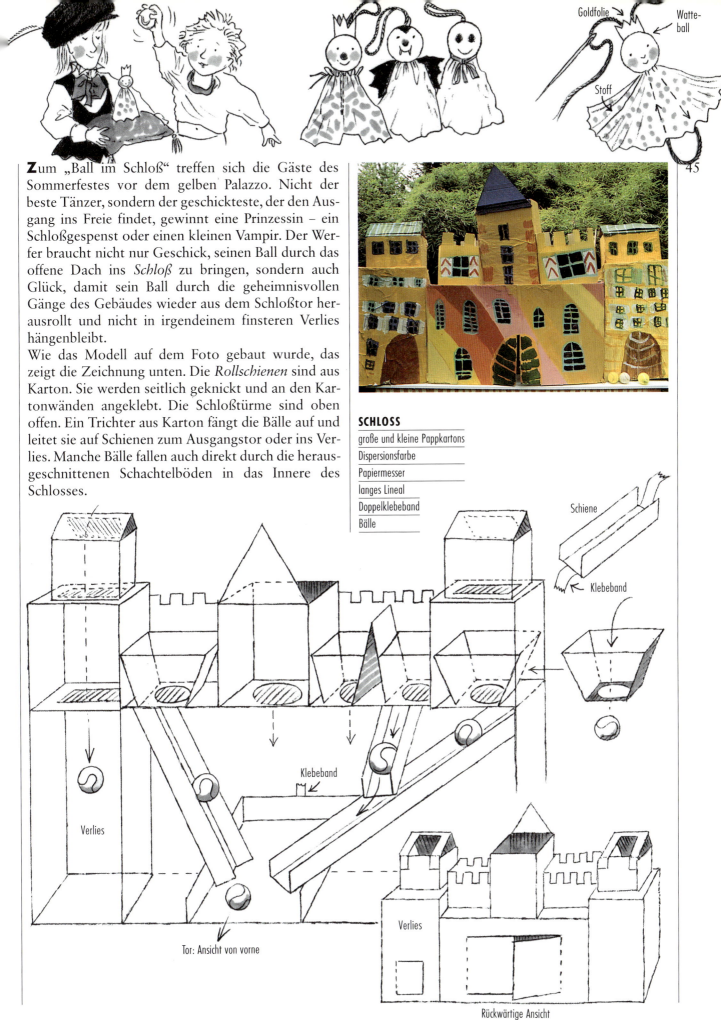

Zum „Ball im Schloß" treffen sich die Gäste des Sommerfestes vor dem gelben Palazzo. Nicht der beste Tänzer, sondern der geschickteste, der den Ausgang ins Freie findet, gewinnt eine Prinzessin – ein Schloßgespenst oder einen kleinen Vampir. Der Werfer braucht nicht nur Geschick, seinen Ball durch das offene Dach ins *Schloß* zu bringen, sondern auch Glück, damit sein Ball durch die geheimnisvollen Gänge des Gebäudes wieder aus dem Schloßtor herausrollt und nicht in irgendeinem finsteren Verlies hängenbleibt.

Wie das Modell auf dem Foto gebaut wurde, das zeigt die Zeichnung unten. Die *Rollschienen* sind aus Karton. Sie werden seitlich geknickt und an den Kartonwänden angeklebt. Die Schloßtürme sind oben offen. Ein Trichter aus Karton fängt die Bälle auf und leitet sie auf Schienen zum Ausgangstor oder ins Verlies. Manche Bälle fallen auch direkt durch die herausgeschnittenen Schachtelböden in das Innere des Schlosses.

SCHLOSS

große und kleine Pappkartons
Dispersionsfarbe
Papiermesser
langes Lineal
Doppelklebeband
Bälle

AUF DEN STRASSEN IST WAS LOS!

Auf den Autobahnen herrscht dichtes Gedränge, auf genügend Sicherheitsabstand wird nicht mehr geachtet – und schon kracht es! Der Abschleppwagen ist pausenlos im Einsatz.

Der *Abschleppwagen* wird aus mehreren Schachteln und Kartons geschnitten und zusammengeklebt. Die Garnspule für das Seil des Abschleppkrans befindet sich im Führerhaus. Schräg darüber wird, bis in die Motorhaube, die lange Papphöhre des Hebearms gesteckt. Durch eine eingeschnittene Öffnung, direkt über der Rolle, wird die Schnur in die Röhre geschoben, an der oberen Öffnung der Röhre herausgeführt und ein Abschlepphaken darangeknüpft.

Auf drei Spuren liefern sich *Kartonautos* ein Rennen. Sie sind dazu besonders präpariert: Durch die Motorhaube wird eine Schnur von der Länge der Rennstrecke geknüpft. Das andere Ende wird durch ein Brett geführt und um ein Rundholz geknotet. Wenn sich die Fahne des Rennleiters senkt, beginnt das Rennen. In Windeseile wird die Schnur auf das Hölzchen gewickelt. Sieger ist, wessen Auto zuerst am Zielbrett anstößt. Er bekommt beim Sommerfest den begehrten „Pokal" – einen Becher mit Eiskrem.

KARTONAUTO

Karton
Dispersionsfarbe
Blumenstab
Reißnägel
Schnur
Rundholz

ABSCHLEPPWAGEN
Karton
Blumenstab
Fadenspule
Schnur
Papprohre
Papiermesser
Kleber

1. Rechteck aus Seitenwand schneiden
2. Loch und Fenster ausschneiden

Seiten a + b sind gleichlang

Loch für Schnur

3. Spule und Hebearm einsetzen

Achsenstangen an Rad festkleben

Radkappe

4. Schellen aus Pappstreifen am Boden festkleben

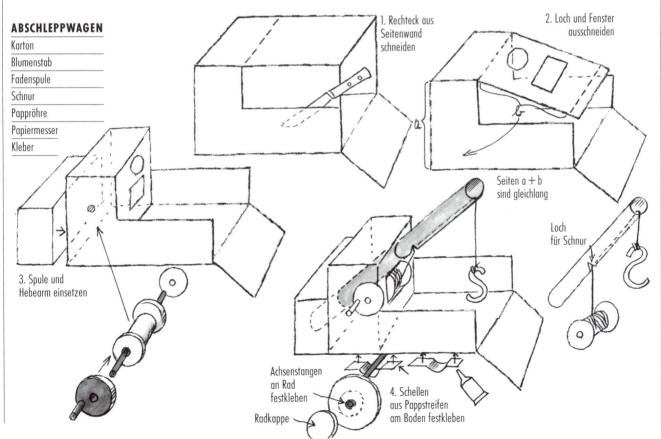

HIER WOHNT FAMILIE MAUS

Für das *Haus* der Familie Maus braucht man nur einen Pappkarton. Je nach Größe kann es ein, zwei oder mehrere Stockwerke bekommen. Da können ein Wohnzimmer, ein Schlafzimmer, ein Bad, eine Küche oder ein Kinderzimmer eingerichtet werden – je nach Mäuselust und Mäuselaune. Der Schreiner hat die *Möbel* ausschließlich aus Schachteln gebaut. Wenn die Wände mit Dispersionsfarbe frisch gestrichen sind, kann der Einzug mit dem bemalten Schachtel-Mobiliar beginnen.

HAUS
Karton
Kartonstücke
Kleber
Dispersionsfarbe

In den Ferien reist die Familie am liebsten nach Paris. Dort kauft sich Mutter *Maus* ein neues *Kleid*, und die Familie besichtigt das Palais Royal. Vater Maus sucht im Stadtplan nach dem Eiffelturm.

MÖBEL
kleine Schachteln
Schere
Deckfarben
Kleber

MAUS
Graupappe
Schere
Kleber
Korkstücke
Stecknadel
Filzstifte

KLEID
Buntpapier

KOMMT EIN VOGEL GEFLOGEN

Der große dunkle Vogel mit der gefleckten hellen Brust ist zwar ein „*Zugvogel*", doch er bleibt da und fliegt nicht fort. Er ist aus Pappe ausgeschnitten und mit Deckfarben bemalt. Seine *Flügel* sind gesondert ausgeschnitten und bemalt. Mit Musterklammern werden sie locker am Körper befestigt. Zieht man an der Schnur, flattert der Vogel aufgeregt mit seinen Flügeln.

VOGEL
Graupappe
Musterklammern
Vorstecher
Schnur
Deckfarben
Schere

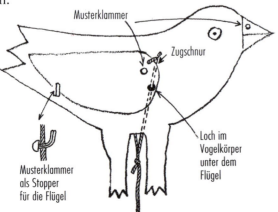
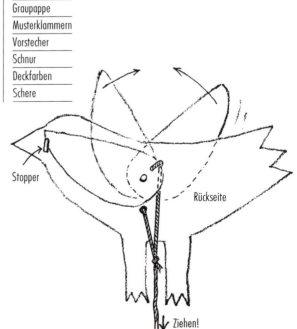

Die *Bremer Stadtmusikanten* schauen neugierig in das verfallene Haus, aus dem sie die Räuber grölen hören. Wenn noch der Hund dazukommt, werden sie mit ihrem fürchterlichsten Geschrei die wilden Kerle vertreiben!
Die Tiere sind einfache Handspielpuppen, aus Pappe geschnitten. Mit Deckfarben werden die Köpfe aufgemalt, mit einem Gummiband versehen und über die Faust gezogen.

STADTMUSIKANTEN
Graupappe
Ölkreiden
Gummiband
Schere

DER ZIRKUS IST DA!

Hereinspaziert, hereinspaziert! Sie sehen hier die schöne Arlette in schwindelnder Höhe, die möglichen Wunder des Magiers Arturo Schnickschnack und Vulcano, den mutigen Feuerfresser. Die *Hampelpuppen* aus fester Pappe können alles: Sie heben die Arme und strecken ein Bein weg, ziehen einen Hasen aus dem Zylinder oder legen den Kopf in den Nacken und schlucken eine brennende Fackel!

Die Körper und Glieder werden einzeln auf Pappe gemalt und ausgeschnitten. In die genau gekennzeichneten Löcher werden Schnüre geknüpft, wie es die Zeichnung zeigt. Dann befestigt man mit Musterklammern die beweglichen Teile am Körper. Die lokker hängenden Schnüre werden zusammengefaßt und straffgezogen. Die beweglichen Teile richten sich dabei auf. Ist die gewünschte Stellung erreicht, werden die Schnüre verknotet.

HAMPELPUPPEN
Graupappe
Musterklammern
Vorstecher
Schnur
Deckfarben

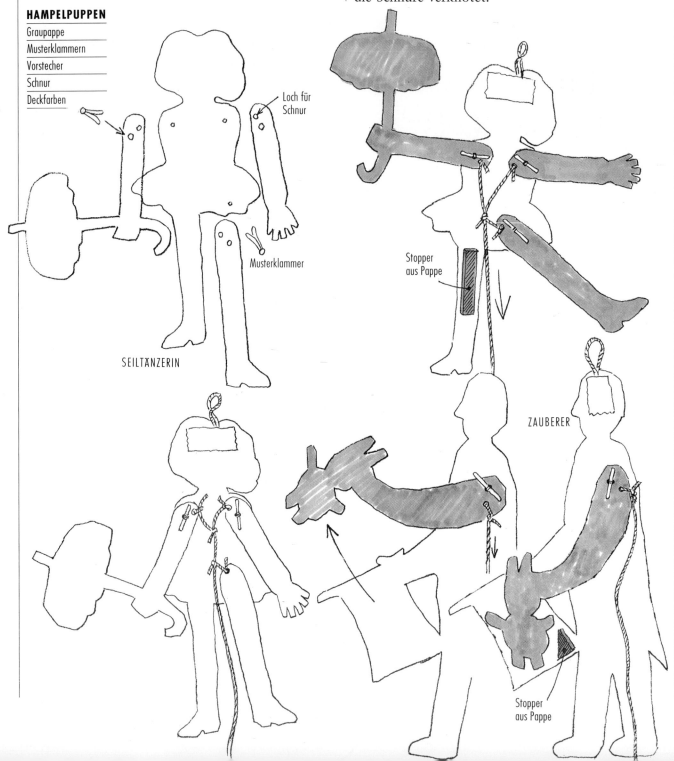

SEILTÄNZERIN

ZAUBERER

Loch für Schnur

Musterklammer

Stopper aus Pappe

Stopper aus Pappe

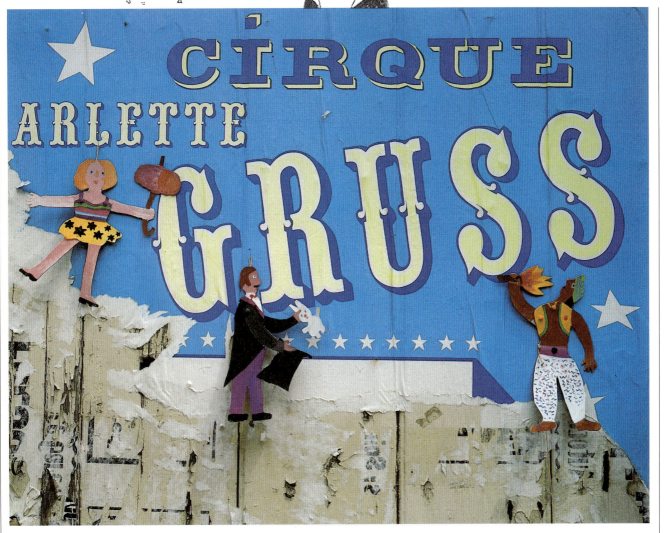
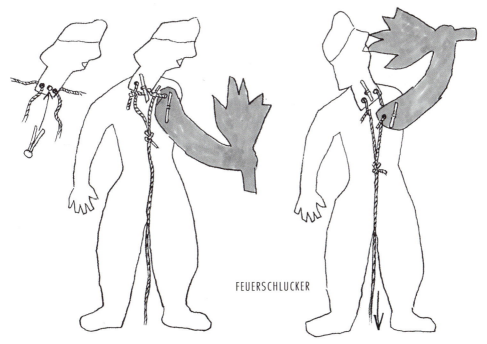

FEUERSCHLUCKER

DA KAM DIE GUTE FEE HEREIN

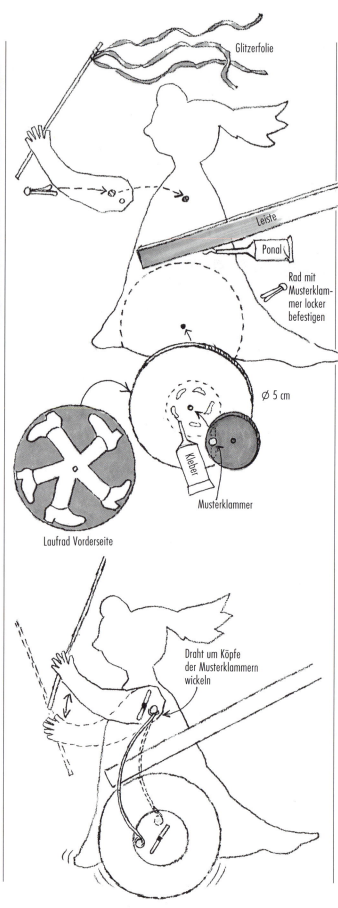

Mit einer Tasche voller Sternschnuppen kommt die gute *Fee*; sie hat diese für Regentage gesammelt.
Für das Laufrad braucht man eine große und eine kleine Scheibe aus Pappe; beide haben ein Loch in der Mitte. Auf die größere Scheibe werden fünf Beine sternförmig aufgemalt. Am Rand der kleinen Scheibe wird eine Musterklammer befestigt. Diese Scheibe wird auf die Rückseite der großen Scheibe geklebt. Jetzt kann das Laufrad mit einer weiteren Musterklammer an den Körper montiert werden.
Der bewegliche Arm, der den Stab hält, ist mit einem Stück Draht an der Musterklammer des kleinen Rades befestigt. Mit jeder Umdrehung dieses Rades wird der Arm vom Draht entweder hochgeschoben oder heruntergezogen; zugleich bewegt sich der Zauberstab.

FEE
kräftige Graupappe
Holzleiste
Holzspießchen
Musterklammern
Draht
Deckfarben
Folienstreifen

Vor dem Hühnerstall steht ein *Fuchs*, dem das Wasser im Maul zusammenläuft. Kommt ein Huhn in seine Nähe, dann schnappt er danach. Doch vergebens – das Maschengitter ist dazwischen!

Alle Einzelteile sind aus Aktendeckeln ausgeschnitten, die Löcher werden markiert und ausgestochen und mit Musterklammern am Körper befestigt. Die beweglichen Schienen sind aus fester Pappe. Schiebt man diese Schienen nach rechts oder links auseinander, dann verschieben sich Beine, Schnauze und Schwanz.

FUCHS
Aktendeckel
kräftige Pappe
Musterklammern
Farbe

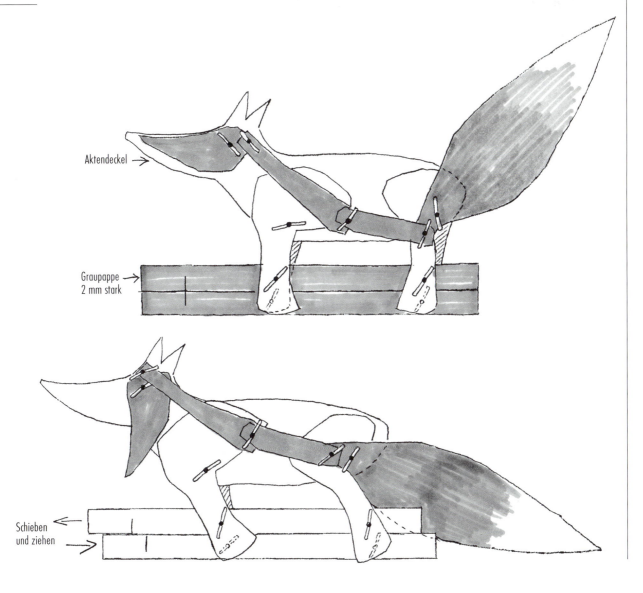

DAS BIEST DES MONSIEUR RACINE

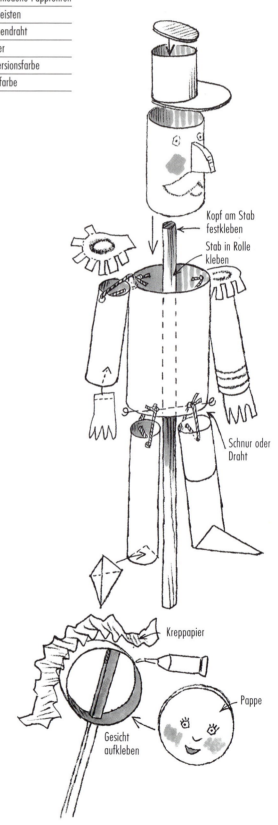

STABPUPPEN
verschiedene Pappröhren
Holzleisten
Blumendraht
Kleber
Dispersionsfarbe
Deckfarbe

Kopf am Stab festkleben
Stab in Rolle kleben
Schnur oder Draht
Kreppapier
Pappe
Gesicht aufkleben

Jede Nacht wird der Garten von Monsieur Racine von einem Birnendieb heimgesucht. Der alte Kavallerist will ihn fassen. Er baut eine Falle, legt sich auf die Lauer – und fängt ein ganz seltsames Tier, das sich mit Leckereien zähmen läßt. Der Mann und das Tier werden Freunde. Monsieur Racine denkt sich immer neue Dinge aus, die dem Tier Spaß machen. Es dauert eine Weile, bis das merkwürdige Tier sein Geheimnis vor Monsieur Racine und den anderen lüftet. Tomi Ungerer hat die Geschichte in einem Bilderbuch erzählt.

Aus dieser Bilderbuchgeschichte entsteht ein Figurentheater mit selbstgebauten *Stabpuppen*. Sie werden aus verschieden großen Papprollen gebaut. Die beweglichen Glieder sind nur mit Schnur oder Draht aneinandergeknüpft. Bei jeder Bewegung schlenkern die Puppen mit ihren Armen und Beinen. Am Führungsstab kleben Kopf und Körper. Sie sind mit Deckfarben bemalt.

Da steht das *Glücksschwein* im Glücksklee und ist glücklich, denn in seinem Pappröhrenbauch sind kleine Überraschungen versteckt. Doch ein Krokodil, ein Dackel oder ein Nasenbär kann auch Glück bringen! Eine große Pappröhre ist der Bauch. Die Öffnungen werden mit Kreppapierstreifen verschlossen. Kopf, Nase, Körper und Schwanz werden einzeln aus Tonpapier ausgeschnitten. Das Modell dazu und wie die Teile an den Röhrenbauch geklebt werden, zeigt die Zeichnung.

GLÜCKSSCHWEIN

| große Pappröhre |
| rosa Tonpapier |
| Kreppapier |
| Kleber |
| Schere |
| Band |

Auch die *Kuh* wird aus Pappröhren gebaut. Der Röhrenkörper wird mit geknüllter Zeitung verschlossen. Die Röhrenbeine klebt man mit Kleisterpapierstreifen an den Körper. Die anderen Teile werden aus Kleisterpapier geformt und angeklebt.

KUH

| 1 große Pappröhre |
| 4 dünne Pappröhren |
| Zeitungspapier |
| Kleister |
| Dispersionsfarbe |

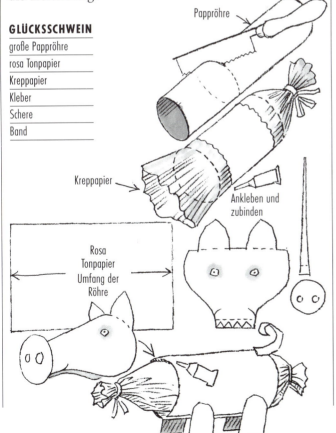
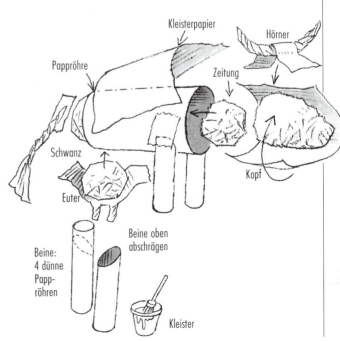

PAPPROLLENSPASS

Mit Kartonscheiben als Zwischenebenen läßt sich ein hoher *Turm* bauen. Jeder Spieler hat drei Versuche. Wer die meisten Rollen zu Fall bringt, ist Sieger!

Alles ist aus Papprollen: Bunt bemalt schaukeln sie als Girlandenkette zwischen den Bäumen, als Turm bilden sie das Wurfziel des Strumpfpendels, und beim Flipperspiel bestimmen sie das Glück.
Für die *Girlande* werden die Rollen auf eine Schnur aufgezogen und durch jede Rolle bunte Kreppapierstreifen gezogen.

TURM
Papprollen
Dispersionsfarbe
Kartonscheiben

GIRLANDE
Papprollen
Kreppapier
Schnur
Dispersionsfarbe

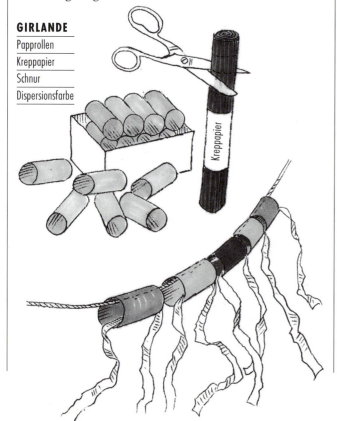

Das Glück beim Spiel mit dem *Rollen-Flipper* kann nicht beeinflußt werden. Die Murmel fällt durch die Rollen und muß sich bei jeder neuen Reihe für links oder rechts entscheiden. Die Spieler erhalten unterschiedliche Setzsteine (Pöppel, Steine, Nüsse, Muscheln usw.) und setzen sie auf das Feld vor die Zielbehälter, von dem sie annehmen, daß dort die Kugel hineinfällt.

Und so wird das Flipperspiel gebaut: Gleichmäßig versetzt werden die Rollen dicht aneinander in einen flachen Karton geklebt. Zwischen der letzten Reihe und den Zielbehältern sollte ein kleiner Abstand sein, damit man die Murmeln bequem aus den Behältern wieder herausnehmen kann. Die erste Röhre wird über ein Loch im Karton geklebt. Dieses Loch muß sich genau über den beiden nächsten Röhren befinden.

ROLLENFLIPPER

Karton
Papprollen
Dispersionsfarbe
Murmeln
Setzsteine
Kleber

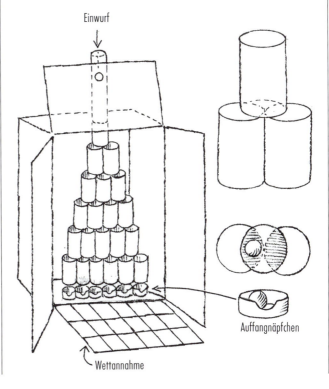

Einwurf

Auffangnäpfchen

Wettannahme

GANS, WO BRENNT'S?

Sie hat es sehr, sehr eilig, denn gleich beginnt das Kinderfest! Bunte Kreppapierbänder sind in den Maschendrahtzaun gewebt und schmücken den Garten. Schon kommen die ersten Gäste. Sie spielen mit den Bändern und flechten sich damit Kränze ins Haar.

GANS
ZÖPFE
Kreppapier
Schere

„Kometball"

Zeitungspapierknäuel in Kreppapier

SOMMERSCHMUCK FÜR DIE STRANDPRINZESSIN

In der ruhigen Zeit der Siesta treffen sich die Strandprinzessinnen unter schattigen Bäumen und winden sich *Schmuck* für den nachmittäglichen Spaziergang. Die Kreppapierstreifen sind etwa 3 cm breit. Sie werden zu Zöpfen geflochten oder zwischen Daumen und Zeigefinger zu Schnüren gezwirbelt. Damit sich die Schnur nicht wieder aufdreht, muß ein schon gedrehter Strang 10 bis 20 cm hinter der Drehstelle mit einer Hand gespannt und festgehalten werden. Beim weiteren Drehen muß auch die Hand, die das Band festhält, nachrutschen.

Will man eine neue Farbe dazunehmen, wird der andersfarbige Kreppapierstreifen 3 bis 4 cm zusammen mit dem alten Streifen verwunden. Der alte Streifen wird abgerissen und der neue Streifen weitergedreht.

Für *Armbänder, Ohrringe* oder den *Halsschmuck* können mehrere gewundene Stränge noch einmal zu einem dicken Strang zusammengedreht werden. Oder man umwickelt die Zöpfe und Schnüre zusätzlich mit Alufolienschnipseln oder Kreppapierfetzchen. Auch Knoten oder Folien- oder Kreppringe können eingeknüpft werden oder Folienkugeln mit Hilfe eines größeren Streifens Alufolie.

SCHMUCK
Kreppapier
Schere
Kleber
Alufolie

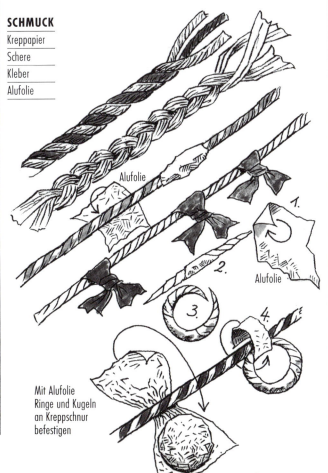

Mit Alufolie Ringe und Kugeln an Kreppschnur befestigen

Der bunte *Sonnenhut* wird aus einem langen Kreppapierzopf zusammengenäht. Die Farben der eingeflochtenen Kreppapierstreifen (3 cm breit) wechseln dabei beliebig. Der Zopf muß zu Beginn der Näharbeit noch nicht in seiner ganzen Länge fertig sein. Es wird mit einem kleinen Stück begonnen und nach Bedarf weitergeflochten.

Den Anfang des Hutes bildet eine Schnecke. Der Zopf wird flachgedrückt und etwas aufgerollt. Mit langen Stichen näht man diese kleine Papierschnecke fest. Dann werden wieder eine oder zwei Kreise um die Schnecke gelegt und festgenäht. Und so geht es immer weiter. Ist der Kreis groß genug und soll die Glockenform beginnen, werden die Zopfreihen entsprechend tiefer festgenäht. Jetzt näht man nur noch die Ränder der Zöpfe mit kurzen Hohlstichen fest.

SONNENHUT
Kreppapier
Schere
kräftige Nadel
Zwirnsfaden

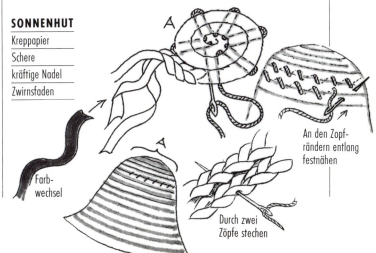

ROSEN, TULPEN, NELKEN...

...alle Blumen welken – nur die Papierblumen nicht! Sie können im Laufe der Zeit etwas verblassen, doch ihre Blüten bleiben geöffnet wie am ersten Tag. Sie sind aus Krepp- und Seidenpapier und werden einzeln gekräuselt und mit Blumendraht zusammengewickelt. Wie die Blütenknospen und die Blätter hergestellt werden, das ist auf der Zeichnung zu sehen. Bei den lila und weißen Blüten des *Blumengebindes* werden die Kreppapierstreifen der Blüten vor dem Kräuseln eingeschnitten – entweder mit geraden Schnitten oder mit Bögen, siehe Zeichnung. Die weiße Blüte besteht aus drei Teilen: aus einer kugeligen Mitte (wie Knospe), aus einem Fransenstreifen und einem Streifen mit runden Blütenblättern. Das Blumengebinde wird zusätzlich mit trockenen Gräsern und Blättern geschmückt.

BLUMENGEBINDE

Kreppapier
Seidenpapier
Blumendraht
trockene Gräser und Blätter
Kleber

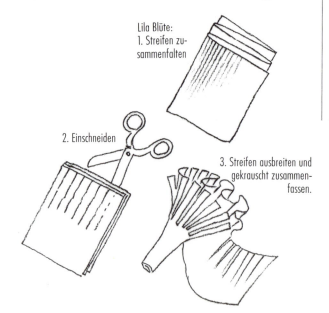

Lila Blüte:
1. Streifen zusammenfalten
2. Einschneiden
3. Streifen ausbreiten und gekrauscht zusammenfassen.

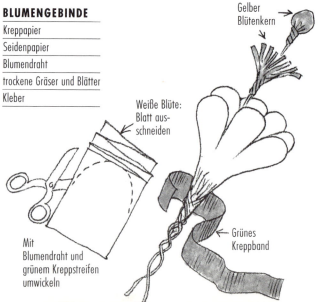

Weiße Blüte: Blatt ausschneiden
Mit Blumendraht und grünem Kreppstreifen umwickeln
Gelber Blütenkern
Grünes Kreppband

Die Knospen, Blüten und Blätter der *Stockrosen* sind um einen Stab gewickelt; ein grüner Kreppapierstreifen hält sie zusätzlich „bei der Stange".

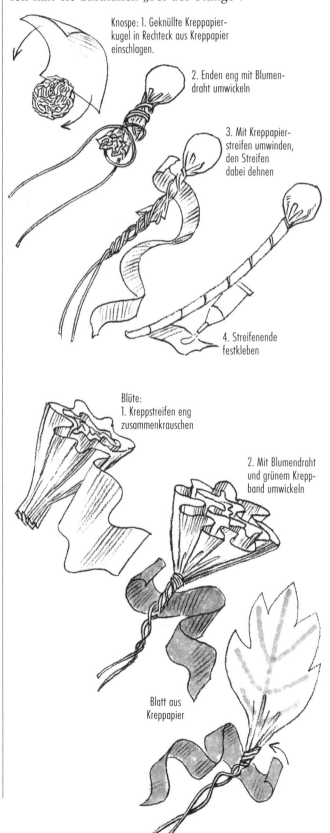

Knospe: 1. Geknüllte Kreppapierkugel in Rechteck aus Kreppapier einschlagen.

2. Enden eng mit Blumendraht umwickeln

3. Mit Kreppapierstreifen umwinden, den Streifen dabei dehnen

4. Streifenende festkleben

Blüte:
1. Kreppstreifen eng zusammenkrauschen

2. Mit Blumendraht und grünem Kreppband umwickeln

Blatt aus Kreppapier

STOCKROSEN

| Kreppapier |
| Blumendraht |
| Kleber |
| Rundholz |
| Blumentopf |

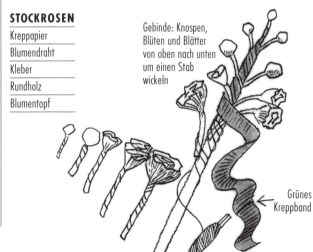

Gebinde: Knospen, Blüten und Blätter von oben nach unten um einen Stab wickeln

Grünes Kreppband

GEFLOCHTENE OSTERKÖRBCHEN

Das *Blumenkörbchen* wird mit locker nebeneinanderliegenden Streifen begonnen, und zwar so, daß in der Mitte durch das Einflechten und Zusammenschieben der Streifen ein dicht geflochtenes Rechteck entsteht. Hat dieses Rechteck die gewünschte Bodengröße des Körbchens erreicht, werden die überstehenden Streifen nach oben geknickt. Mit langen Flechtstreifen wird nun rundum geflochten. Dabei klebt man die Enden eines geflochtenen Kreises einfach übereinander. Als Abschlußkanten faltet man aus den hochstehenden Streifen Zacken, die umgebogen und in die Innenseite eingeflochten werden.

BLUMENKÖRBCHEN
Packpapier
Bleistift
Lineal
Schere

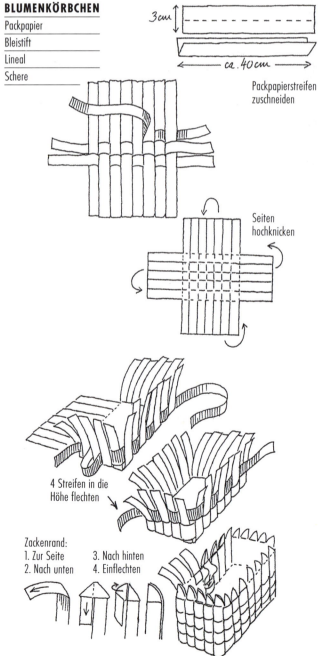

Die einfachste Art des Papierflechtens ist die: Einzelne Streifen werden quer durch die Schlitze eines Papiers gezogen. Gut sieht es aus, wenn die Streifen aus bunten Papieren geschnitten werden, zum Beispiel aus Glanz- oder Geschenkpapier, aus funkelndem Folienpapier, Ton- oder Illustriertenpapier oder aus bemalten Bunt- oder Packpapieren.

Beim *Eierkörbchen* werden weiße Papierstreifen wie Sonnenstrahlen auf eine ovale Papierscheibe geklebt und nach oben geknickt. Eine zweite Scheibe wird darübergeklebt. Mit langen Streifen flicht man im Rund. Zum Abschluß werden alle Streifenenden gleich hoch abgeschnitten. Dann klebt man rundum einen Randstreifen auf, schneidet ihn mehrmals ein, so daß er nach innen geknickt und festgeklebt werden kann.

EIERKÖRBCHEN

Zeichenpapier
Kleber
Bleistift
Lineal
Schere

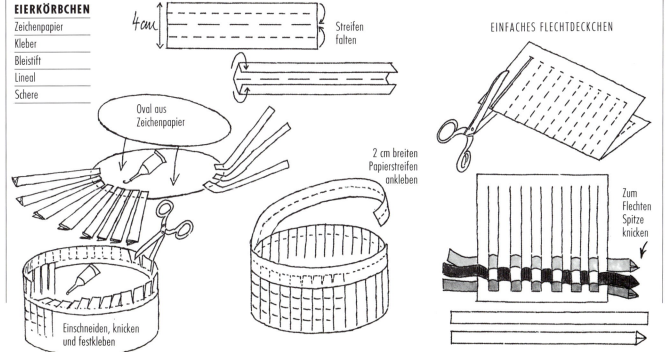

OSTERHASE, SCHNUPPERNASE

Noch schnell eine Prise Frühlingsluft und Blütenduft genommen, dann hüpft der Osterhase weiter. Er muß zu den fleißigen Hennen: Eier abholen!

Für die Tierkörper werden aus Zeitungspapier Bälle geknüllt – locker und nicht zu fest. Die Anzahl richtet sich nach der Größe des *Hasen* oder der Henne. Die Knäuel werden auf einen mit Kleister bestrichenen Zeitungsbogen gelegt und eingeschlagen. Da das feuchte Papier leicht reißt, kommt gleich ein zweiter und dritter kleisternasser Bogen darüber. Dann drückt man den Körper des Tieres zurecht. Ein weiterer Bogen wird straff darübergespannt und hält die Form zusammen. Alle Teile, die jetzt daraufgesetzt werden, zum Beispiel Kopf, Ohren oder Schnabel, werden mit kleineren und größeren eingekleisterten Zeitungspapierstückchen erst geformt und dann angeklebt.

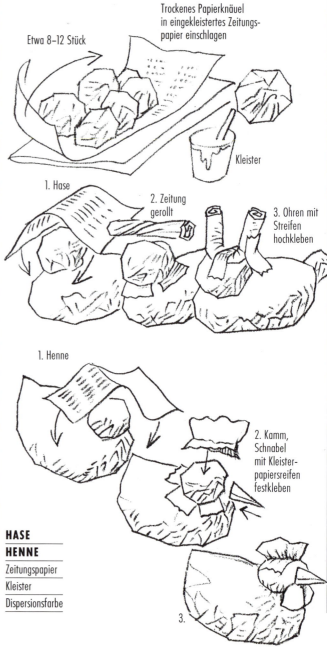

HASE
HENNE
Zeitungspapier
Kleister
Dispersionsfarbe

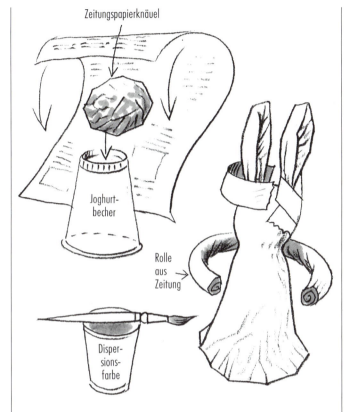

HASENKIND

Plastikbecher
Zeitungspapier
Kleister
Dispersionsfarbe

Worüber freut sich das Hasenkind? Es hat gerade ein Schokoladenei gelegt! Wenn man das kleine *Häschen* hochhebt, kommt das Ei zum Vorschein. Das Überraschungsei ist unter einem Plastikbecher versteckt – dem Körper des Häschens.
Mit Zeitungspapier und Kleister wird über den Becher der Hasenkörper geformt.
Alle Figuren werden nach dem Trocknen mit Dispersionsfarbe bemalt. Die Hennen sind mit weißer Dispersionsfarbe grundiert und mit Deckfarben angemalt.

EIN WUNDER-EI

Manchmal, sehr selten, legen Hühner ganz besondere Eier. Diese Eier unterscheiden sich entweder in der Form, in der Farbe oder durch die Struktur ihrer Schale von gewöhnlichen Eiern. Wurde ein solches Ei gefunden, versprach man sich von ihm Wunderkräfte.

Das Besondere an dem großen *blauen Ei* ist seine feste Schale. Aus einem Klotz Styropor wird die große Eiform mit einer Feinsäge grob geschnitten und mit einer Raspel in Form gebracht und geglättet. Dann wird das Styroporei in Alufolie eingepackt und in einen alten Nylonstrumpf gesteckt, die Enden werden verknotet und abgeschnitten. Die Strumpfschicht bestreicht man mit Ponal. Zwei bis drei Schichten Zeitungspapier-Schnipsel werden darüber kaschiert – diesmal nicht mit Kleister, sondern mit Ponal bestrichen. Der Holzleim wird dazu etwas verdünnt. Nach dem Trocknen werden die Strumpfnippel abgeschnitten und die Stelle mit Zeitungspapier überklebt. Das Ei wird mit Dispersionsfarbe bemalt. Nach dem Trocknen sägt man es in der Mitte auseinander und entfernt den Styroporkern. Ein Kartonstreifen, in eine Hälfte geklebt, bildet den Verschluß der Eierschachtel. Jetzt kann der Osterhase in dem *Wunder-Ei* etwas Wunderbares verstecken!

WUNDER-EI

Styropor
Ponal
Nylonstrumpf
Zeitungspapier
Dispersionsfarbe
Feinsäge
Raspel
Pappstreifen
Alufolie

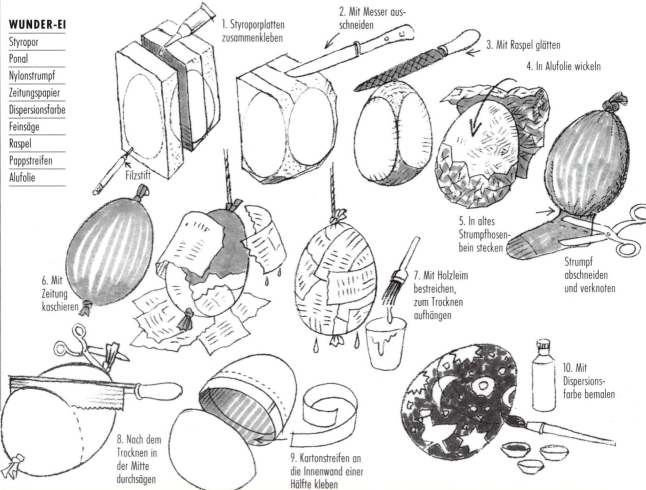

Die *Eier mit* dem *Faltdeckchenmuster* werden mit üblichen Ostereierfarben grundiert. Dann schneidet man kleine Faltdeckchen aus Zeichenpapier, feuchtet sie an und drückt sie als Schablonen auf das Ei. Noch nicht ganz durchgetrocknet – das Deckchen rutscht sonst von der Schale –, wird mit dem Schablonieren begonnen: Mit stumpfem Pinsel und dickflüssiger Farbe stupft man durch die Löcher und um den Rand des Deckchens. Bevor die Farbe getrocknet ist und das Deckchen festklebt, wird dieses mit Hilfe einer Nadel oder eines Messers vorsichtig an einer Seite abgehoben.

Viele Schnipsel, aus Drachenpapier gerissen, mit Kleister eingepinselt und aufgeklebt, schmücken die *bunten Eier* zwischen den gelben Nesseln.

SCHNIPSEL-EI
Drachenpapier
Kleister

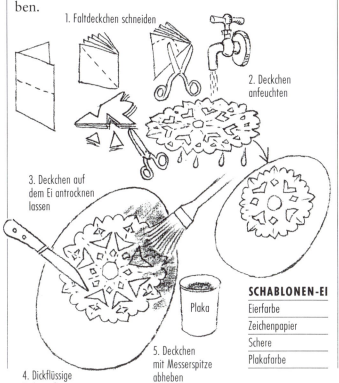

1. Faltdeckchen schneiden
2. Deckchen anfeuchten
3. Deckchen auf dem Ei antrocknen lassen
4. Dickflüssige Farbe auftragen
5. Deckchen mit Messerspitze abheben

Plaka

SCHABLONEN-EI
Eierfarbe
Zeichenpapier
Schere
Plakafarbe

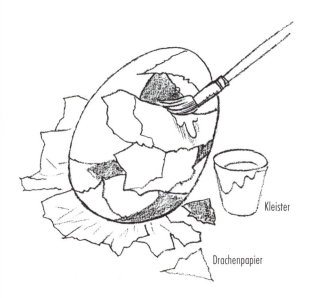

Kleister

Drachenpapier

LÖWENZAHN,
ZÜNDE DEINE LICHTER AN

Nicht nur draußen auf den Wiesen, sondern auch auf der Fensterscheibe leuchten seine gelben und weißen Blüten.
Dieser *Löwenzahn* wird aus farbigem Seidenpapier gerissen und geschnitten und mit ein paar Tupfen Klarkleber (siehe Seite 136) am Fensterglas befestigt. Problemlos läßt sich später wieder der Klebstoff samt Seidenpapier von der Scheibe lösen. Beim Reißen der langen Stengelstreifen ist auf die Laufrichtung des Papiers zu achten, denn man kann nur in einer bestimmten Richtung dünne Streifen reißen.

Großes Flugaufkommen herrscht vor der Fensterscheibe: Mutter Pieps mit Sohn hat Besuch von Onkel Rainer aus der Schweiz bekommen.
Die einzelnen Vogelteile werden aus buntem Pergaminpapier geschnitten und aneinandergeklebt. Mit Tesafilm können sie an das Fensterglas geklebt werden.

LÖWENZAHN
Seidenpapier
Klarkleber
Schere

VÖGEL
Drachenpapier
Tesafilm

WIND- UND WETTERHEXE

Bei wildem Wetter jagt sie mit den Wolken über das Land. Ihr Haar weht mit den Zweigen der Bäume, und wenn sich ihr langes Flickenkleid zwischen den Ästen verfängt, wirbeln bunte Blätter zu Boden.

Mit frei gerissenen Stücken aus Pergaminpapier läßt sich die *Wetterhexe* auf die Fensterscheibe oder auf einen Bogen milchtrüben Transparentpapieres bannen. Die Fetzchen können auf das Glas mit Kleister oder durchsichtigem Alleskleber geklebt werden. Auf das Transparentpapier wird mit dickflüssigem Alleskleber (tropffrei) geklebt.

WETTERHEXE
Pergaminpapier
Transparentpapier
Klarkleber

Ausprobieren:
In welche Richtung läßt sich das Papier leichter reißen

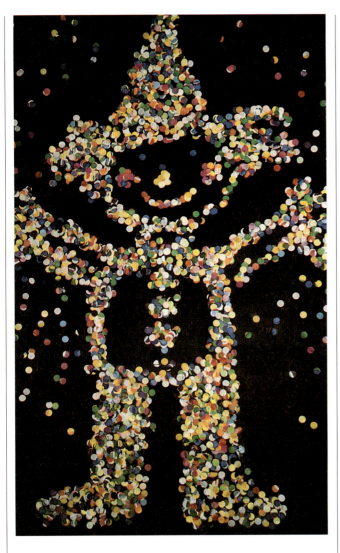 

„Konfetti" heißt er und aus Konfetti besteht er, dieser Kasperl. Er wird aus den bunten Papierpunkten und Kleister auf einen Bogen Papier „gemalt". Zuerst wird der Kleister aufs Papier gestrichen, dann läßt man Konfetti darüberrieseln. Aber sachte, nicht zuviel auf einmal, sie kleben sonst in großen Klumpen übereinander. Der rote Mund oder die blauen Augen können mit extra Konfetti in den gewünschten Farben aufgeklebt werden. Der kleisterfeuchte Pinsel nimmt dabei die Konfetti auf und bringt sie zur richtigen Stelle. Nach dem Trocknen des Kleisters werden alle überschüssigen Papierpunkte abgeschüttelt.

KONFETTI

schwarzes Tonpapier

Kleister

Konfetti

Pinsel

Wohin blickt der *Mann* mit dem gelben Sonnenhut? Schaut er aufs Meer hinaus oder in die Zukunft?
Die Fetzchen für das Klebebild werden aus selbstgefärbtem Papier gerissen. Alte Deckfarbenbilder können dazu verwendet werden. In großen Stücken werden die gewünschten Farbpartien herausgerissen und in kleine Schnipsel zerteilt. Wie bei einem Mosaik wird zuerst das Gesicht und dann die ganze weitere Umgebung mit den Papierstückchen gefüllt. Kleister ist der ideale Kleber für das Bild. Partienweise wird damit der Aufklebebogen bestrichen und mit dem kleisterfeuchten Pinsel ein Papierschnipsel nach dem anderen aufgenommen und an die gewünschte Stelle geklebt. Dabei wird das Papierstück auf den Kleistergrund gedrückt und die Ränder mit Kleister überstrichen.

MANN MIT HUT

bemaltes Zeichenpapier

Kleister

Zeichenkarton

Pinsel

GRÜNOHR UND BLAUMAUS

Lila-Schnäuzchen, Mondgesicht, Fleckenhund und Roter Schnapper sind die Stars im Kabarett der „Tollen Tage". An Fasching geht es dort hoch her! Nach der verrückten Synchron-Tanzeinlage der Truppe will der begeisterte Beifall nicht mehr enden. Da capo! Da capo!

Große runde oder birnenförmige Luftballons bilden die Grundlage für die *Ballon-Kopfmaske*. Längliche Ballons werden für Ohren, Nasen oder Schnauzen verwendet. Mit Dispersionsfarbe werden die Köpfe gehärtet, und nach dem Trocknen wird das Loch zum Reinschlüpfen ausgeschnitten. Die Löcher zum Herausschauen sind nicht identisch mit den aufgemalten Augen der Maske. Meist schaut der Maskenträger durch die Mundöffnung oder durch kleine Löcher über oder unter der Nase. Um die richtige Stelle herauszufinden, setzt man die fertige Maske auf und drückt mit zwei Fingern von außen auf die Stelle der Augen unter der Maske.

BALLON-KOPFMASKE
runde Luftballons
längliche Luftballons
Zeitungspapier
Kleister
Dispersionsfarbe

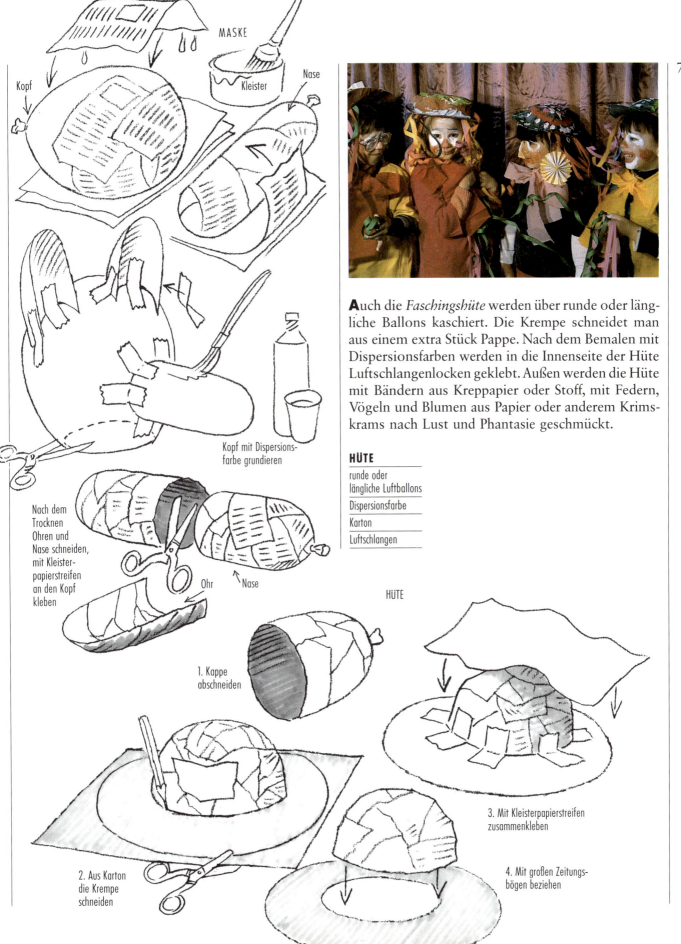

Auch die *Faschingshüte* werden über runde oder längliche Ballons kaschiert. Die Krempe schneidet man aus einem extra Stück Pappe. Nach dem Bemalen mit Dispersionsfarben werden in die Innenseite der Hüte Luftschlangenlocken geklebt. Außen werden die Hüte mit Bändern aus Kreppapier oder Stoff, mit Federn, Vögeln und Blumen aus Papier oder anderem Krimskrams nach Lust und Phantasie geschmückt.

HÜTE
runde oder längliche Luftballons
Dispersionsfarbe
Karton
Luftschlangen

EIN KOMISCHER KÄFER

Küken, Elefant und Reh warten auf ihren Auftritt. Gleich geht es los. Die großen *Vorhaltemasken* haben ihren Einsatz beim Märchenspiel auf der Bühne. Doch sie können auch in der „Zimmer-Geisterbahn" erschrecken oder beim Faschingsumzug mitmarschieren.

Ein Stück Hasengitter (siehe Seite 136) wird in Maskengröße mit der Zange abgezwickt. Die scharfen Drahtenden werden mit einem Hammer umgeklopft. Den Haltestab befestigt man mit Blumendraht an der Innenseite der Maske. Ohren, Schnauze, Nase oder Rüssel „näht" man mit Blumendraht an das Gitter. Zwei bis drei Lagen kleisternasser Zeitung werden innen und außen über die Maschendrahtmaske geklebt. Nach dem Bemalen mit Dispersionsfarbe bohrt man Sehlöcher durch die Papierschichten und Drahtmaschen. Ein Stück Stoff, innen am unteren Maskenrand mit Doppelklebeband befestigt, verdeckt den Oberkörper des Maskenträgers.

VORHALTEMASKE
Hasengitter
Leiste
Blumendraht
Zeitungspapier
Kleister
Dispersionsfarbe
Stoff
Hammer
Zwickzange

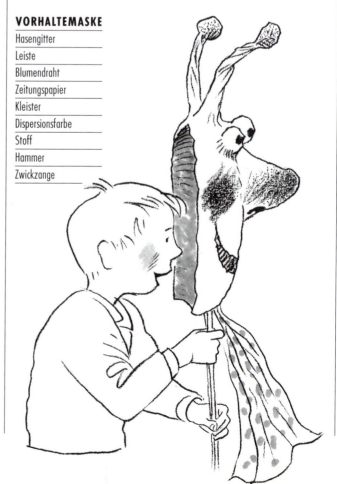

JAKOB, WO BIST DU?

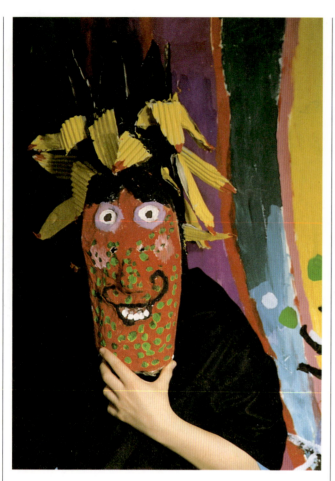 

Wer weiß, wo er steckt? Es ist schwer zu raten, denn die Kinder haben sich verkleidet und ihre Gesichter hinter Papiermasken und phantasievollem Kopfputz versteckt.

Die *Maske* aus Zeitungspapier und Kleister wird über einem Tonkern geformt. Damit man nicht so viel Ton braucht, stopft man die Form mit Papierknäueln aus, die zusätzlich in Alufolie eingepackt werden. Mit Tonschnüren, Tonwalzen und Kugeln werden jetzt die Feinheiten des Maskengesichts modelliert. Auf das fertige, noch feuchte Tongesicht wird vorsichtig noch einmal eine Lage Alufolie gestrichen, denn das Kleisterpapier der Maske soll nicht am feuchten Ton haftenbleiben. Reißt die Folie, wird einfach ein weiteres Stück Alufolie über den Riß gedrückt.

Auf die Folienschicht folgt die Papierschicht der Maske. In zwei bis drei Lagen werden mit Kleister bestrichene Papierfetzen übereinandergeklebt. Ist das Papier getrocknet, wird die Maske mit Dispersionsfarbe bemalt. Dann erst wird sie von der Tonform abgelöst.

MASKE
Zeitungspapier
Kleister
Alufolie
Ton
Dispersionsfarbe
Gummiband

1. Papierknäuel werden mit Alufolie eingepackt

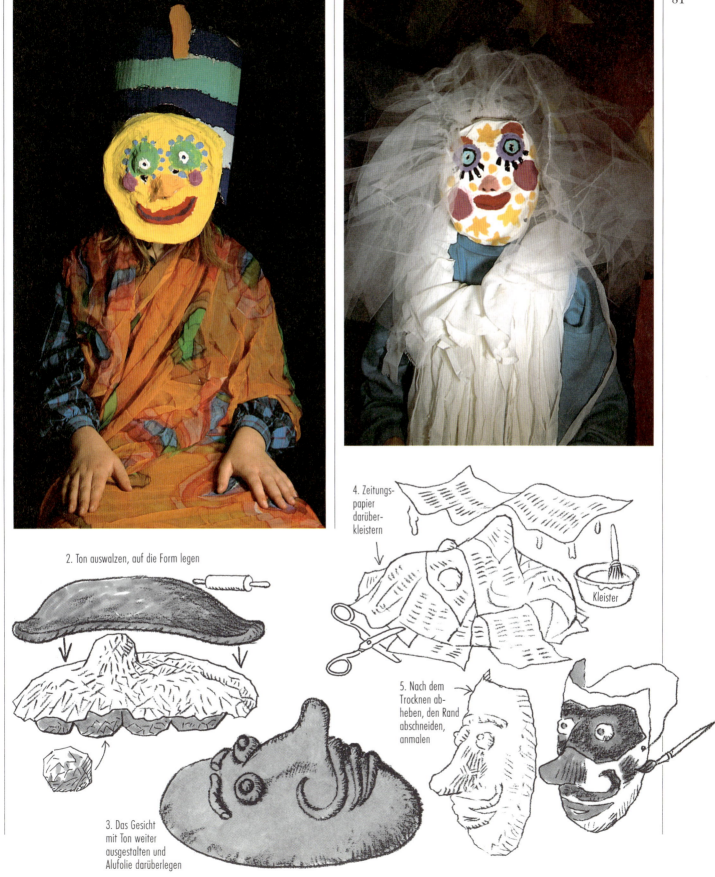

2. Ton auswalzen, auf die Form legen

3. Das Gesicht mit Ton weiter ausgestalten und Alufolie darüberlegen

4. Zeitungspapier darüberkleistern

Kleister

5. Nach dem Trocknen abheben, den Rand abschneiden, anmalen

INDIANERLEBEN

Unten am Fluß hat Grüne Feder sein Lager aufgeschlagen. Er sitzt' weich auf Kissen aus Zeitungspapier und grillt sich genüßlich einen Fisch zum Abendessen.

Die Zeltstangen sind trockene Äste, im Wald gesammelt. Sie werden kegelartig aneinandergelehnt und an der Spitze gegeneinander verkeilt. Wenn nötig, werden die Stangen dort mit Schnur zusammengebunden. Der Abstand der Stangen am Eingang des Tipis ist größer als der zwischen den übrigen Zeltstangen. Damit die Zeitungspapierbögen eine gute Auflagefläche haben, werden die Zeltstangen rundherum mit Schnur in etwa 20 cm breiten Abständen umwunden. Achtung, der Zelteingang muß offen bleiben. Mit Wasser befeuchtete Zeitungsbögen werden über das fertige Gestänge gelegt. Bevor die nächste Papierschicht darüberkommt, wird etwas Kleisterbrei mit den Händen auf der unteren Schicht verteilt. Bei sonnigem Wetter ist das *Tipi* schnell getrocknet und bezugsfertig.

Die *Kissen* werden, ihrer Größe wegen, am besten erst vor Ort gefüllt. Der Kissenbezug besteht aus zwei ineinandergeschobenen Bezügen. Ein Bezug wird aus zwei Doppelbögen Zeitung geklebt. Mit vielen locker geknüllten Zeitungspapierknäueln werden die Kissen gefüllt und mit Krepp-Klebeband verschlossen.

TIPI
Aststangen
Zeitungspapier
Schnur
Kleister

KISSEN
Zeitungspapier
Krepp-Klebeband

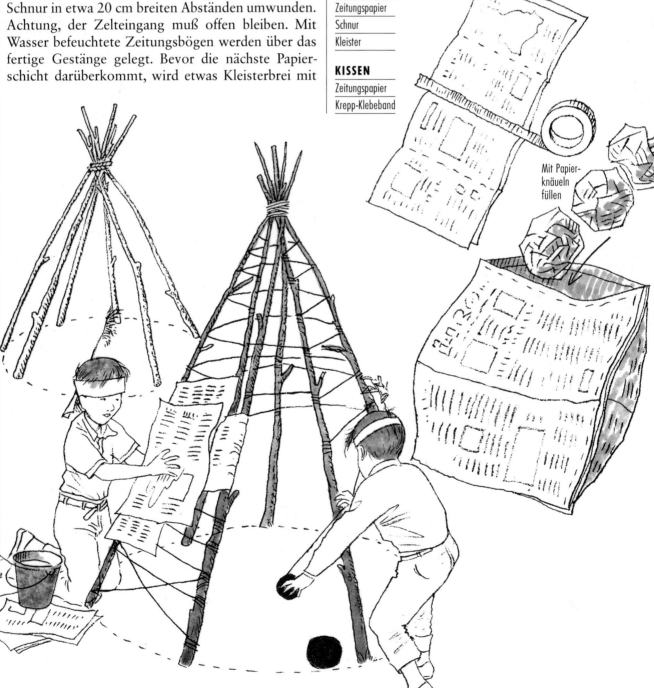

Mit Papierknäueln füllen

KUNZ VON KAUFUNGEN

Geschützt hinter den Zinnen ihrer Burgtürme warten die tapferen Recken auf das Signal des Herolds. Wenn es ertönt, beginnt das Turnier. In edlem Spiel und Wettkampf messen dann die jungen Ritter ihre Kräfte.
Die *Schilder* der Ritter bestehen aus kräftigem Karton, die Muster und Wappen darauf sind aus Kleister und Zeitungspapier geformt. Die Zeitungsbögen werden dazu im kleisternassen Zustand entsprechend geknüllt, gedreht und auf den Pappschild geklebt. Als Haltegriffe werden zwei Stoffbänder durch den Karton gezogen. Dazu bohrt man mit einer Ahle oder spitzen Schere Löcher in den Schild. Dann werden zwei bis drei Kleisterbögen über den ganzen Schild gebreitet und über alle Mulden und Erhebungen des Reliefs gestrichen. Nach dem Trocknen wird der Schild mit Dispersionsfarbe angemalt und zum Schluß mit Ponal überzogen, das macht ihn widerstandsfähiger. Helle Farben fördern die Schattenwirkung des Reliefs.

SCHILD
| fester Verpackungskarton |
| Zeitung |
| Kleister |
| Pappmesser |
| Stoffband |
| Dispersionsfarbe |
| Holzleim |

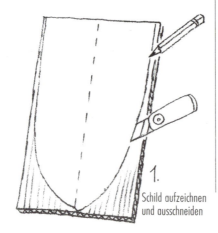

1. Schild aufzeichnen und ausschneiden

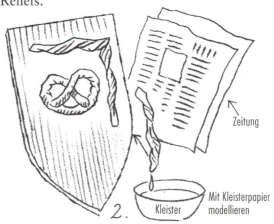

2. Mit Kleisterpapier modellieren

Der *Helm* mit dem Visier besteht aus Graupappe, die zu einer Röhre zusammengesteckt ist. Mit Ölkreide oder Dispersionsfarbe wird der Pappstreifen bemalt und dann mit Musterklammern geschlossen.

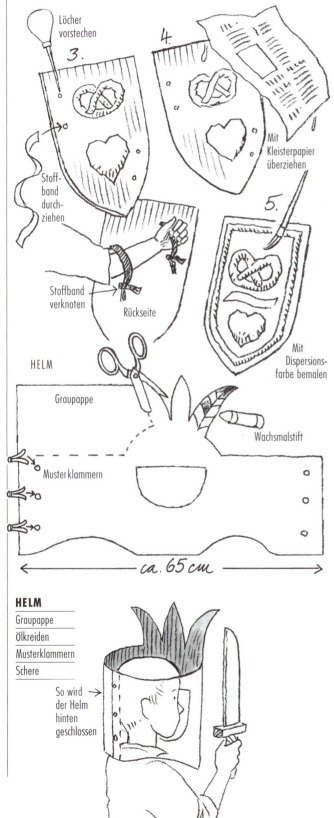

HELM

Graupappe
Ölkreiden
Musterklammern
Schere

Resi, die furchtlose Alpenbraut, hält ihre Arme von sich gestreckt und in den Händen prallgefüllte Luftballons. Sie sind das Ziel von Papierkrampenschützen, Kastanienbolzern und anderen Werfern.

Wie die Schilde der Ritter wird auch die *Schützenscheibe* aus Karton und Zeitungspapier geklebt. Mit Klebeband werden die Luftballons daran befestigt. Statt der tapferen Maid können ebenso andere Schützenscheibenmotive reliefartig geformt werden.

SCHÜTZENSCHEIBE

fester Verpackungskarton
Zeitungspapier
Dispersionsfarbe
Holzleim

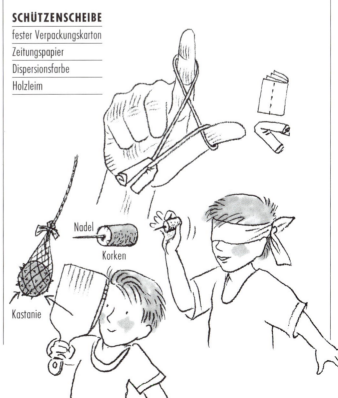

EIN ZWERGLEIN STEHT IM WALDE

Der Körper des *Zwergs* ist ein aufgeblasener runder Ballon, der halbhoch in Alufolie gewickelt und mit zwei bis drei Schichten Zeitungspapier kaschiert wird. Nach dem Trocknen malt man auf den Ballon mit Dispersionsfarbe die „Zwergenkleidung". Der Kopf und die Mütze werden mit schwach feuchtem Papier innen und mit nassem Kleisterpapier außen (sie dürfen nicht zu schwer werden!) um einen Rundstab geformt. Dann setzt man den Zwergenkörper in eine mit Sand gefüllte Schüssel und schneidet den Ballonnippel ab. Durch das Loch wird angerührter Gips (siehe Seite 136) zwei bis drei Finger hoch in den Ballonbauch gegossen. Der Stab mit dem Kopf wird auf die richtige Länge abgesägt und in den Brei gesteckt. Mit einem Schal aus Kleisterpapier klebt man den Kopf am Ballonkörper fest. Die Alufolie verhindert, daß der nasse Gipsbrei die Kleisterpapierschichten des Ballons aufweicht.

Ganz still und stumm lauscht es dem Rascheln der fallenden Blätter. Sag, weiser Wicht, wird es bald Schnee geben? Vielleicht – vielleicht auch nicht, wackelt der Kleine hin und her. Man muß ihn nur an seiner Mütze anstupsen.

ZWERG
runder Luftballon
Zeitungspapier
Kleister
Holzstab
Dispersionsfarbe
Schüssel
Sand
Gips
Alufolie

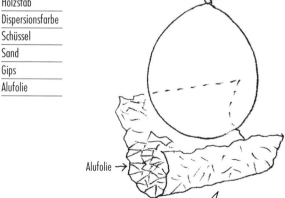

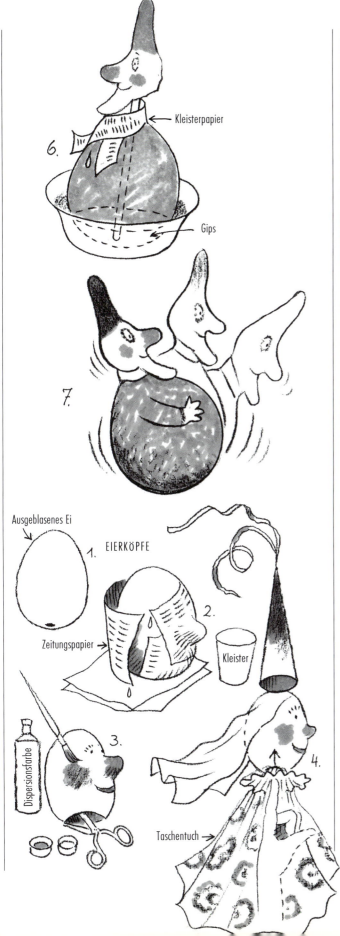

Nach dem Picknick zeigt das „Bauerntheater aus der Eierschachtel" neue Ritterspiele. Die *Eierköpfe* der Schauspieler sind sehr stabil. Sie werden mit mehreren Lagen von Zeitungspapierschnipseln und Kleister über ausgeblasene Eier kaschiert. Nach der Grundierung mit Dispersionsfarbe wird ein Loch für den Finger ausgeschnitten. Der Spieler streift ein Stück Stoff über den Zeigefinger und steckt ihn in das Loch – fertig ist die Handspielpuppe!

EIERKÖPFE

ausgeblasene Eier
Zeitungspapier
Kleister
Dispersionsfarbe
Deckfarbe

DICKHÄUTER MIT DÜNNER HAUT

Seine Haut ist nur zwei bis drei Papierschichten stark – doch sein Knochenbau ist kräftig. Er könnte sonst nicht drei Kinder auf einmal oder sogar einen Erwachsenen tragen. Das Gefühl, hoch oben auf seinem breiten Rücken zu sitzen, ist einmalig! Viele Kinderhände halfen beim Bau. Jetzt dreht er, auf ein Rollbrett montiert, im Schulhof seine Runden.

Aus Dachlatten, Bohlen und Sperrholz für die beiden Bögen wird das Gerüst des *Elefanten* zusammengeschraubt. Die Zeichnung zeigt genau, wie dieses Gerüst gebaut wird. Wichtig ist dabei, daß die Beine auf dem Grundbrett fest verankert sind. Das Hasengitter (siehe Seite 136) wird um das Holzlattengerüst gelegt und mit Blumendraht zusammengehalten. Mit Nägeln, deren Köpfe um die Drahtschlaufen geklopft werden, wird der Maschendraht auf dem Holzgestell befestigt. Aus zusammengelegtem, doppeltem Maschendraht werden die Ohren geformt und mit Blumendraht an den Kopf „genäht". Rüssel und Stoßzähne sägt man aus verschieden großen Pappröhren und bindet sie mit Draht an den Kopf. Kopf und Beine füllt man mit geknüllten Zeitungen, schließt die Öffnungen mit Draht und bezieht das Tier mit Zeitungspapier und einer Mischung aus Ponal und Kleister.

Da der Rücken sehr strapaziert wird, kann an der Stelle der Satteldecke ein Nesselstoff aufgeleimt werden. Der Elefant wird mit Dispersionsfarbe bemalt und mit durchsichtigem Mattlack überzogen.
Zwei speziell ausgebildete Elefantenführer lenken das Tier. Der eine zieht vorne, der andere hält das hintere Seil und paßt auf, daß der Dickhäuter bei allzu rasantem Ritt nicht ins Schleudern kommt.

ELEFANT
Dachlatten
Bohlen
Sperrholz
Hasengitter
Räder
Blumendraht
Schrauben
Nägel

Zeitungspapier
Kleister
Holzleim
Säge

Bohrmaschine
Dispersionsfarben
Pappröhren

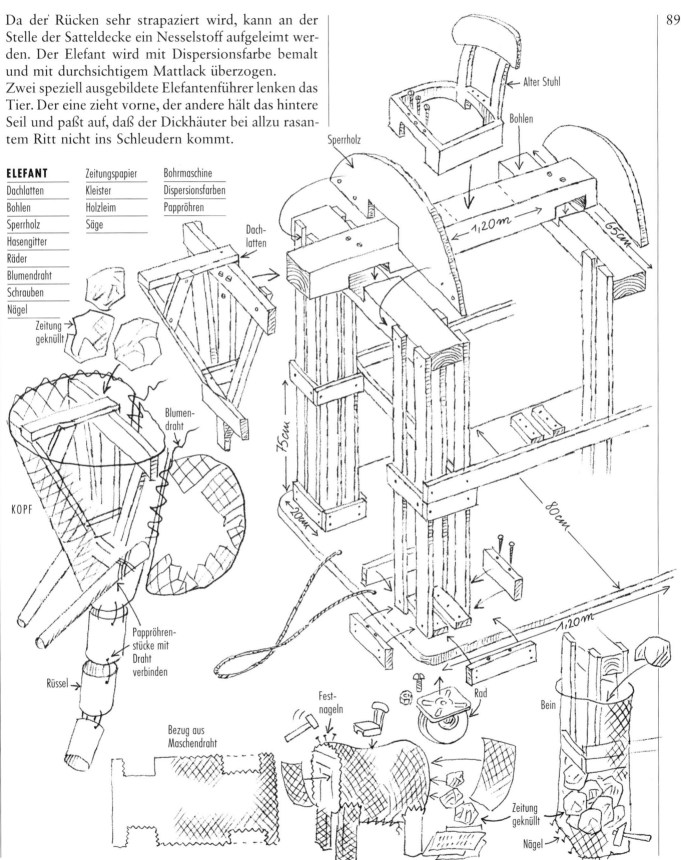

KREISE, NACH EIGENER WEISE

Zarte Flügelwesen tanzen in der Abendsonne. Es sind Drahtstäbchen, an Nylonfäden gebunden, die an den Enden mit Schnipseln aus transparentem Drachenpapier und Wattebällchen beklebt sind.

Wie bei jedem *Mobile* ist das Austarieren der Stäbe auch bei diesem luftigen Gebilde das Wichtigste. Ausgelegt auf einem Tisch, werden die beklebten Stäbe aneinandergeknüpft und nach dem Aufhängen so lange hin- und hergeschoben, bis jeder Stab waagerecht hängt.

Drei *Laternen* warten auf die Nacht. Mit sanftem Licht werden sie dann die Terrasse erhellen und – wenn ein Wind aufkommt – ihre Bänder zwischen den Sternen flattern lassen.

Dünne Drahtstangen werden an einen Pappreifen geklebt und um einen Ballon geformt. Ein Klebeband hält sie an einem zweiten Ring auf der gegenüberliegenden Seite zusammen. Seidenpapier, ein bis zwei Lagen stark, wird zum Kaschieren des drahtbespannten Luftballons verwendet. Die kräftigen Farben des Seidenpapiers färben ab, wenn sie in Verbindung mit Wasser oder Kleister gebracht werden, doch es gibt helle Farbtöne, die nur wenig Farbe verlieren. Sie eignen sich am besten für die Lampions. Nach dem Antrocknen des Seidenpapiers werden in den unteren Reif zwei gegenüberliegende Schlitze eingeschnitten und zwei Löcher gebohrt. Für die Halterung der Kerze klebt man ein Stäbchen zwischen zwei Pappscheiben. Das Teelicht hält mit Doppelklebeband fest und kann so immer wieder ausgetauscht werden. Wie die Pappscheibe am Lampion befestigt wird, das zeigt die Zeichnung. Ein zweiter Stab dient als Verschluß, er wird durch die beiden Löcher geschoben und unterhalb der Pappscheibe vorbeigeführt. Schnur und Kreppapierbänder sind an diese Stäbe geknüpft.

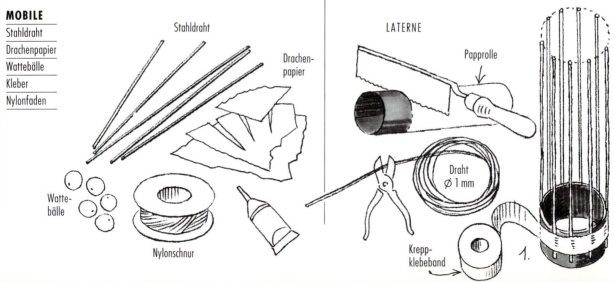

MOBILE
Stahldraht
Drachenpapier
Wattebälle
Kleber
Nylonfaden

LATERNE

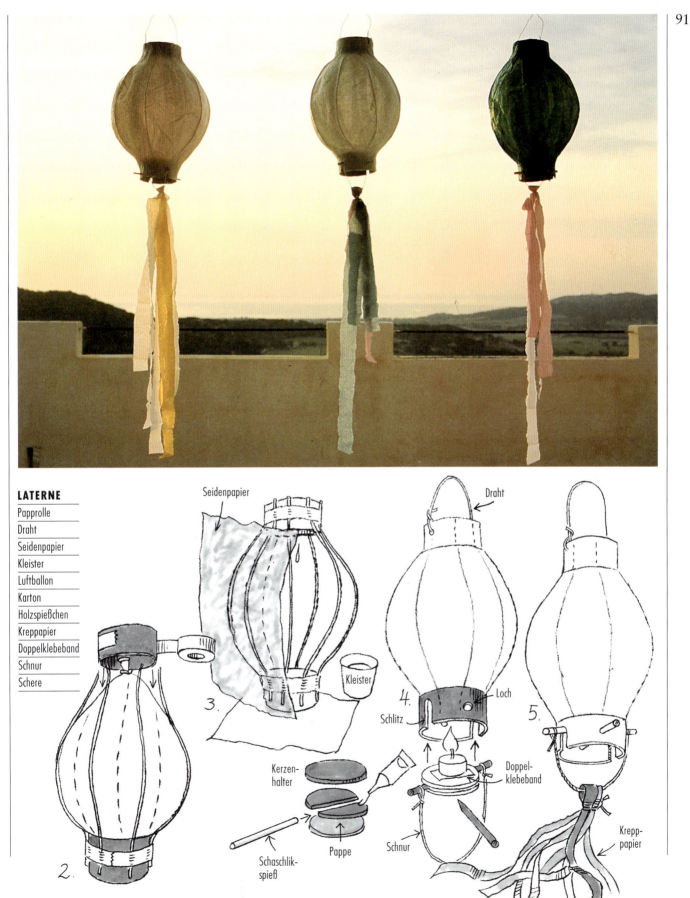

PAPIERTHEATERTÄNZER

Die Bretter, die für sie die Welt bedeuten, bestehen aus Karton, ein seidenes Fädchen erweckt sie zum Leben. Während Graf Conte gerade der schönen Tusnelda seine Liebe ins Ohr flüstert, worauf diese verzückt lächelt, bekommt Pepino einen roten Kopf: Das hätte er nicht von seiner Freundin gedacht!

Das *Theatergebäude* besteht aus vier weißen Kartonwänden. Mit einem Pappschneidemesser werden sie einzeln zurechtgeschnitten und auf der Innenseite mit Klebeband aneinandergeklebt.

Der Bühnenboden ist dreiteilig. Er steigt nach hinten leicht an, deshalb ist der hintere Streifen etwas breiter als der vordere. Ein Buch, unter den Boden geschoben, gibt der Bühne einen sicheren Stand. Die Kulissenwände werden aus farbigen Papieren gerissen oder geschnitten und auf einen Kartonstreifen geklebt. In die Seiten steckt man Stecknadeln, dann kann man die Kulissen einfach in die Bühne hängen.

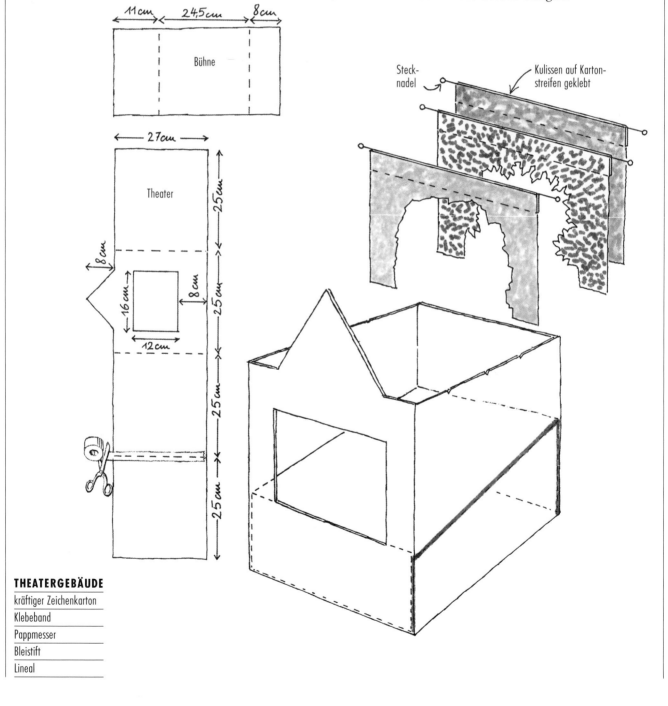

THEATERGEBÄUDE
kräftiger Zeichenkarton
Klebeband
Pappmesser
Bleistift
Lineal

Die *Figuren* bastelt man aus Kartonstückchen, Wattebällchen, Streichhölzern, Ton- und Buntpapier. Arme und Beine werden mit dünnem Faden locker an den Körper geklebt oder geknotet. Wenn der Bühnenzauber vorbei ist, kann das Theater schnell wieder abgebaut werden: Nur zwei Klebestreifen werden gelöst – und der Bühnenboden und das Theatergehäuse können flach zusammengelegt werden.

FIGUREN
Kartonstücke
Wattebällchen
Streichhölzer
buntes Papier

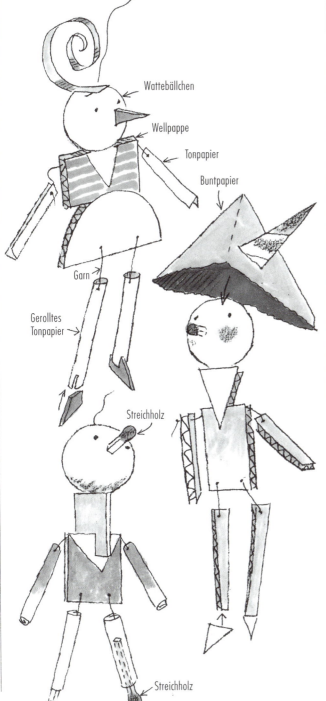

PERLIKO – PERLAKO

Der Teufel mit den drei goldenen Haaren hat es nicht leicht mit dem Kasperl. Denn der will nicht so, wie er gern möchte, und jedesmal endet ihr Zusammentreffen mit einer handfesten Rauferei.

Hart wie Nüsse sind die Köpfe der *Stabpuppen* (Marotten) – und trotzdem leicht! Sie werden aus besonderem Material geformt: Zwei Drittel Papierbrei und ein Drittel feines Sägemehl mit Holzleim. Die Masse wird um einen Stab geformt und kann nach dem Trocknen mit einer Feile und mit Schleifpapier geglättet werden. Ist die Masse zum Formen zu weich, muß noch etwas Sägemehl dazugegeben werden – doch zuviel Sägemehl läßt die Puppenköpfe nach dem Trocknen brüchig werden.

Für das Kostüm der Stabpuppen wird eine Stoffbahn wie ein Poncho übereinandergelegt, in der Mitte ein Loch ausgeschnitten und der Führungsstab des Kopfes durchgeschoben.

Mit Kleber oder Schnur wird der Stoff am Hals der Puppe befestigt und die Stelle mit Schals oder Schleifen aus Stoff verdeckt. Die Hände sind aus Filz oder Pappe und werden an dünne Stäbe geklebt, so daß der Puppenspieler sie bewegen kann.

STABPUPPEN

| Papierbrei |
| Sägemehl |
| Holzleim |
| Rundstab |
| Stoff |
| Dispersionsfarbe |
| Deckfarben |

Die *Birnen* bestehen aus derselben Masse wie die Puppenköpfe. Sie liegen in einer Schüssel mit dunkelblauem Marmormuster (Marmorpapier siehe Seite 128).

Die *Schüssel* ist dünn wie Glas und doch unzerbrechlich. In eine Keramik-, Glas- oder Plastikschüssel werden mehrere Schichten mit Kleister bestrichene Papierschnipsel geklebt. Nach dem Trocknen läßt sich die Papierschüssel leicht aus der Grundschüssel lösen – vor allem wenn die Grundform vorher etwas eingeölt worden ist. Durch mehrmaliges Bestreichen mit Klarlack (Bootslack) wird die Form gegen Feuchtigkeit geschützt.

BIRNEN

| Papierbrei |
| Sägemehl |
| Holzleim |
| Dispersionsfarbe |

SCHÜSSEL

| Schmuckpapier |
| Kleister |
| Öl |

DICHTER UND DENKER

Als es noch keine Fotografie gab und das Mosaik und die Freskomalerei vor allem den Abbildungen von Göttern und Helden vorbehalten waren, ließen sich Dichter und Cäsaren in Stein porträtieren. Ihre Büsten blicken heute in den Museen von marmornen Sockeln herab.

Die *Büsten* auf den Fotos sind hohl und bestehen aus zwei Hälften, die mit Kleisterpapierstückchen zusammengeklebt wurden. Bei den beiden Männern wurde Papiermaché (siehe Seite 136) in eine ausgehöhlte Form aus Ytongstein gedrückt, die Frauenbüste besteht aus mehreren Schichten von Zeitungspapierstückchen, die, wie bei der Schüssel auf Seite 95, in die Form gedrückt werden.

Mit Messer, Löffel und anderen alten Werkzeugen werden Kopf, Hals und Schultern als Negativform aus einem Ytongblock ausgehoben. Alles, was bei der fertigen Büste vorgewölbt ist, wie zum Beispiel Lippen, Kinn, Stirn, Wangen oder Augäpfel, wird jetzt als Mulde oder tiefere Höhlung ausgeschabt. Nach dem Ausheben der Form werden die Poren des Kunststeins mit Füllspachtel zugestrichen und nach dem Trocknen mit Lack überzogen. Dann wird die Form mit Öl eingepinselt und der Papierbrei etwa 1 cm dick eingefüllt. Nach mehrtägigem Trocknen wird die Gesichtshälfte der Büste herausgenommen.

Für die Hinterkopfhälfte werden in dem Modell die Vertiefungen für das Gesicht mit Alufolie abgedeckt und die Form noch einmal mit Papierbrei gefüllt. Zum Schluß klebt man mit Kleisterpapier die beiden Hälften zusammen. Die fertige Büste wird mit Dispersionsfarbe bemalt.

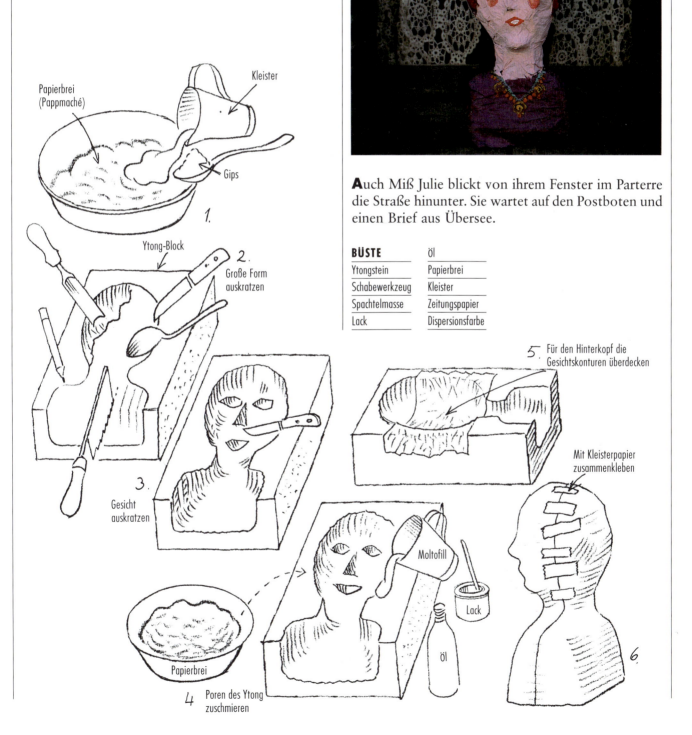

Auch Miß Julie blickt von ihrem Fenster im Parterre die Straße hinunter. Sie wartet auf den Postboten und einen Brief aus Übersee.

BÜSTE	Öl
Ytongstein	Papierbrei
Schabewerkzeug	Kleister
Spachtelmasse	Zeitungspapier
Lack	Dispersionsfarbe

STAPELDORF

Gleich hinter Harting liegt Stapeldorf. Umrahmt von saftigen Weiden leben seine Bauern in friedlicher Gemeinschaft zusammen.

Die *Häuser* des Dorfes sind unten offen und können deshalb übereinandergestapelt werden. Aus Ton oder Knetmasse wird der innerste Kern geformt und darüber Alufolie gedrückt. In drei Lagen werden auf diese Alufolie Zeitungspapierstückchen mit Kleister kaschiert. Dann legt man noch einmal eine Folie darüber. Auf diese kommen wieder drei Lagen mit eingekleistertem Zeitungspapier, darüber wieder Folie und so weiter; bis zu 7 bis 8 Häuser können so übereinandergeformt werden. Nach jeder Lage verwischen sich die Konturen des Hauses immer mehr, so daß die letzten Häuser ganz runde Ecken haben. Wichtig ist, daß der Boden der Häuser frei bleibt, sonst kommt an die Papierschichten keine Luft, und die Formen können nicht trocknen.

Nach zwei, drei Tagen sind die Papierhäuser so weit getrocknet, daß man den Kern herausziehen kann. Dabei wird mit einem spitzen Messer die Folie an den Wänden des Tonhäuschens gelockert und, wenn dieses nicht von selbst herausfällt, mit der Messerspitze herausgehebelt. Nun kann Haus für Haus herausgezogen werden: Mit der Messerspitze werden die Wände zwischen Papier- und nächster Folienschicht gelockert und etwas nach innen gedrückt, so daß man das Haus fassen und vorsichtig herausnehmen kann. Die Wände wieder gerade biegen, denn die Häuser sind noch nicht trocken, besonders die Giebel sind weich. Die Alufolie in den Häuschen kann haften bleiben, es macht sie stabiler. Sind die Häuser getrocknet, werden sie mit Plaka- oder Dispersionsfarbe angemalt.

HAUS

Ton
Alufolie
Zeitung
Kleister
Dispersionsfarbe
Messer

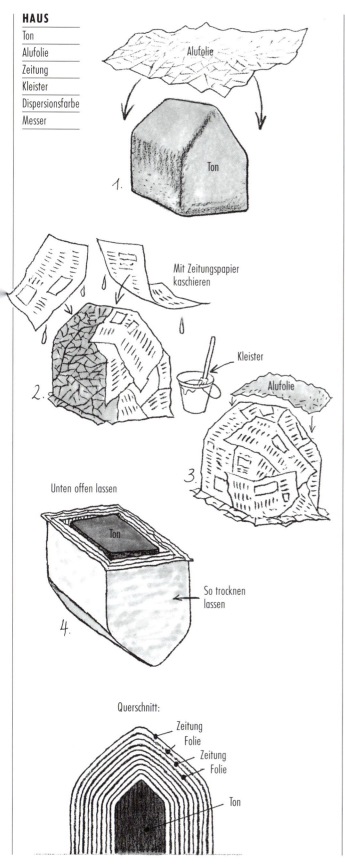

Auf den Straßen sind sie sich begegnet, und beim Gebrauchtwagenhändler treffen sie sich wieder: die „schnellen Flitzer" und die „lahmen Enten", die chromblitzenden Straßenkreuzer und die braven Familienkutschen.
Der Prototyp des *Autos* wird aus Ton geformt. Damit es in Serie gehen kann, wird davon eine Gipsform abgenommen (siehe Zeichnung). In die Hohlform wird etwa 5 cm dick Pappmaché (siehe Seite 136) gedrückt und getrocknet.

AUTO

Ton
Schachtel
Alufolie
Gips
Papierbrei
Dispersionsfarbe

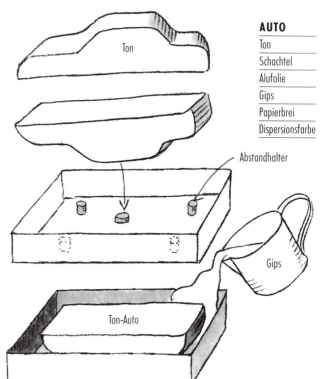

IM SCHATTENWALD

Aus dem feuchten Lehmboden sprießen seltsame Pflanzen, wie aus einer anderen Welt – es sind Liliputbäume.
Die Bäume aus Pappmaché (siehe Seite 136) stammen aus einer Gipsform, die von einem selbstgeformten Modell aus Ton abgenommen wird, ähnlich der Gußformen, wie sie Bildhauer und Goldschmiede für ihre Plastiken erstellen.
Für die kleinen *Bäume* braucht man eine flache Schachtel, die man auch selbst herstellen kann. Diese Schachtel wird mit Alufolie ausgeschlagen und die Tonform auf Abstandhaltern hineingelegt. Dann wird Gips angerührt und neben der Tonform in die Schachtel gegossen, bis Ton- und Gipsfläche eine Ebene bilden. Nach etwa 15 Minuten, wenn der Gips abgebunden hat, kann die feuchte Tonplatte an einer Stelle mit einem Messer angehoben und herausgenommen werden. Nach dem Austrocknen der Gipsform wird diese mit Öl eingefettet und dann mit Pappmaché ausgefüllt.
Um den Baum in einen Untergrund stecken zu können, wird in den noch feuchten Brei ein Holzspießchen gedrückt.

Mit weißer Plaka- oder Dispersionsfarbe werden die getrockneten Bäume grundiert. Damit das Relief ihrer Oberfläche und seine Schatten besser zur Wirkung kommen, werden sie nur sparsam mit hellen Deckfarben bemalt.

BÄUME

Pappschachtel
Alufolie
Gips
Ton
Holzspießchen
Pappmaché
Plakafarbe
Deckfarben
Öl

Der *Irokesenkopf*, die *Muscheln* und der *Seestern* trocknen auf Steinen in der Sonne. Sie sind aus Pappmâché geformt, das mit Dispersionsfarben eingefärbt wurde. Nach dem Trocknen haften sie fest auf ihrem Untergrund.

**INDIANER
MUSCHELN**
Pappmâché
Dispersionsfarbe

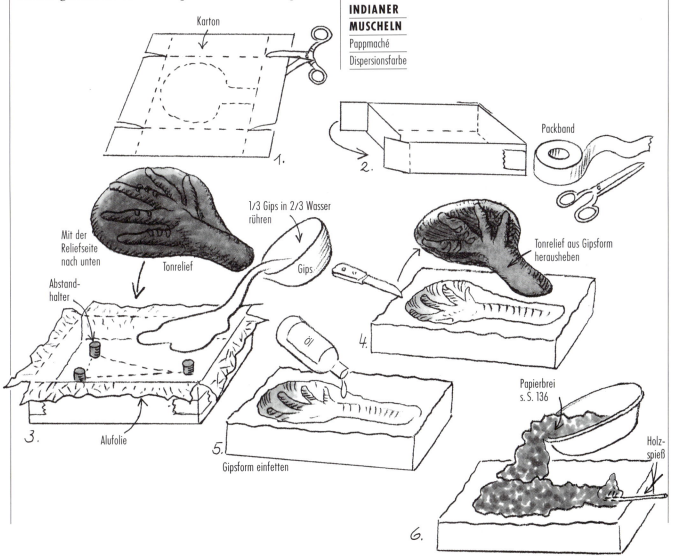

ERINNERUNG AN EINEN SOMMER

Die Blüte der *Sonnenblume* besteht aus fünf unterschiedlich großen Scheiben in den Farben Gelb, Braun und Grün. Außer der braunen Scheibe werden alle Scheiben viermal gefaltet. Die Falzlinien dienen als Markierung beim Ausschneiden der Blütenblätter. Die Blütenblätter der großen gelben Scheibe sind etwa 2,5 cm lang und werden vom Rand her eingeschnitten. Die Blütenblätter der kleinen gelben Scheiben werden vom Kreismittelpunkt nach außen geschnitten. Dabei muß ein 1,5 cm breiter Rand an der Außenkante der Scheibe stehenbleiben. Die Blütenblätter werden nach außen geknickt und über die Schneide einer Schere gestrichen, so daß sie sich einrollen wie bei einer echten Sonnenblume.

SONNENBLUME

| Tonpapier |
| Schere |
| Kleber |
| Sonnenblumenkerne |
| Rundholz |

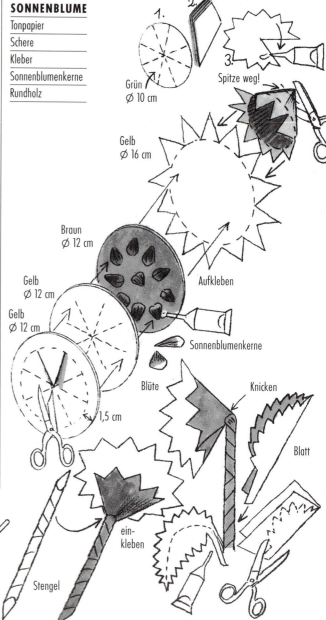

Hab Sonne im Herzen..., lachen die Blumen mit ihren großen Blütengesichtern. Spanische Eroberer haben die Sonnenblume von Mexiko nach Europa gebracht. Vier Jahrhunderte später setzte Vincent van Gogh mit seinen Bildern den Sonnenblumen ein Denkmal.

Wenn ein Windstoß in die Falten des *Fesselballons* fährt, wird die Gondel wie ein Karussell gedreht. Die Ballonform schneidet man mit Hilfe einer Schablone aus. Dazu werden mehrere bunte Tonpapierbögen gebraucht. Als Klebelaschen und Abstandhalter zwischen den Fächern werden jeweils an der unteren Kante der Ballonform gleich breite Tonpapierstreifen befestigt. Alle Ballonteile werden aneinandergeklebt. Bevor der Ballonkreis geschlossen wird, klebt man in die Mitte eine Schnur. Die Tonpapierstreifen werden nach oben geknickt und an einen Pappstreifenring geklebt. Eine Pappscheibe bildet den Abschluß, an ihm klebt die Gondel.

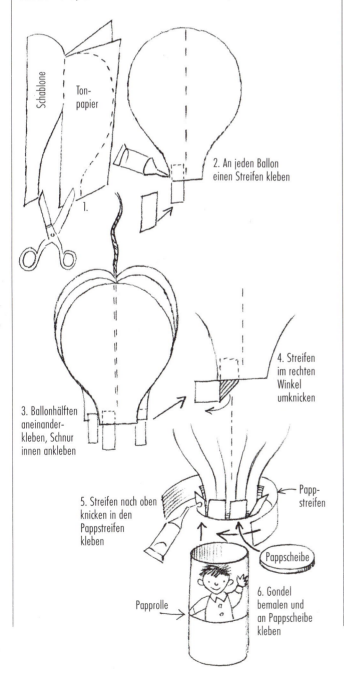

FESSELBALLON

Tonpapier
Papprolle
Pappe
Kleber
Schnur
Deckfarben

IM UNTERWASSERGARTEN

Leuchtende Fische mit blauem Bauch und bunten Streifen gleiten sanft durch die Unterwasserwelt. Das „Aquarium ohne Wasser" wird in einer Schachtel angelegt. Sie ist mit schwarzem Papier ausgelegt. An Stegen aus schwarzem Fotokarton werden Fische und Pflanzen vom Hintergrund aus in den Raum gehalten.

AQUARIUM
Schachtel
Schere
Tonpapier
Fotokarton
dünner Zeichenkarton
Ölkreiden
Deckfarben

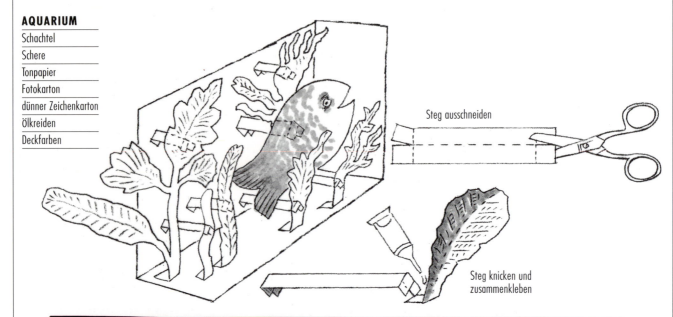

Steg ausschneiden

Steg knicken und zusammenkleben

Für das Geburtstagskind haben die kleinen Gäste selbstgemalte *Blumen* mitgebracht. In der auf Zeichenkarton aufgemalten Pflanzschale können die Blumen immer wieder neu arrangiert werden.

BLUMEN

| dünner Zeichenkarton |
| Ölkreiden |
| Schere |

Im Schachteldeckel hat eine Blumenfrau ihren kleinen *Marktstand* eröffnet. Alle ausgeschnittenen Figuren stehen auf geknickten Stegen. Der Sonnenschirm hat einen Ständer aus gerolltem Papier. Für das Schirmdach wird eine Scheibe Papier gleichmäßig eingeschnitten, an den Schnittkanten nach innen verschoben und festgeklebt.

MARKTSTAND

| Schachteldeckel |
| festes Zeichenpapier |
| Filzstifte |
| Kleber |
| Schere |

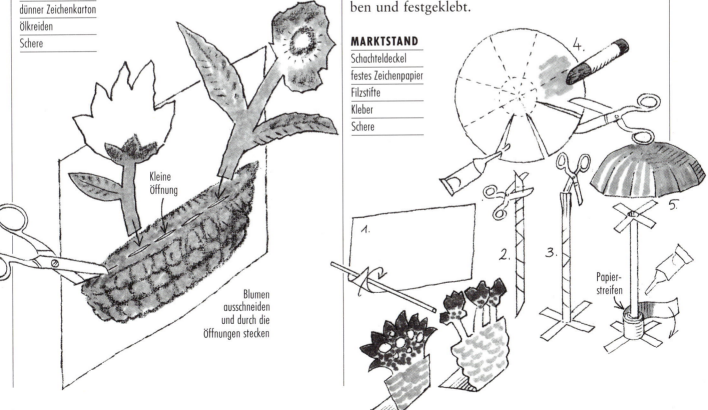

ZAUBERKÄSTEN

Mitternacht ist vorüber. Über Burg Wackerstein huscht ein Flügelwesen. Wer ist es, Batman? Nein, o Schreck, es ist der Graf aus Transsilvanien, gefangen in einem Schuhkarton!

Es ist noch mehr zu sehen: „Atlantis, versunkene Stadt auf dem Meeresgrund", „Der Kampf mit der Riesenspinne", „Feuerwerk über den Pyramiden", „Shuttleflug durchs All" oder „Karl Käfer tanzt mit seiner Gattin auf dem Wiesenfest". Einen Groschen kostet der Blick durch das Guckloch!

Die Innenteile des *Zauberkastens* sind aus Papier geschnitten und bemalt oder aus Kleisterpapier geformt. Sie werden gestaffelt hintereinander an Boden oder Decke befestigt. Durch Löcher, seitlich oder in die Decke der Schachteln geschnitten, werden die plastischen Papierszenerien mit Taschenlampen oder „Schwarzlicht-Glühbirnen" wirkungsvoll erhellt.

ZAUBERKASTEN
| Karton |
| Pappe |
| Zweige |
| Zeitungspapier |
| Kleister |
| Deckfarben |
| Beleuchtung |

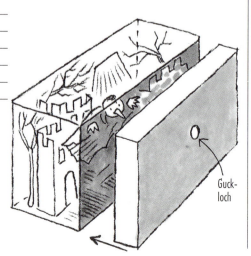

Beim Blick in das *Guckkasten-Diorama* verliert sich das Auge weit in den unvermuteten Fernen einer abenteuerlichen Bergwelt. Auf einen Kasten aus festem Karton, der oben und an seiner Rückseite geöffnet ist, wird ein schräger Aufsatz gesetzt. Der Aufsatz ist unten offen, und an seiner schrägen Innenseite (Winkel: 45 Grad) klebt ein Spiegel.

Die Führungsleisten aus Holz sind für die Kulissenbilder. Diese Bilder werden auf festen Zeichenkarton gemalt, ausgeschnitten und auf einen Rahmen aus Pappe geklebt. Der herausgeschnittene Mittelteil der einzelnen Kulissen wird von Bild zu Bild, von unten nach oben, immer größer.

Das Guckkasten-Diorama wird am besten mit der offenen Rückseite an ein Fenster gestellt oder mit einer Lampe von hinten her beleuchtet.

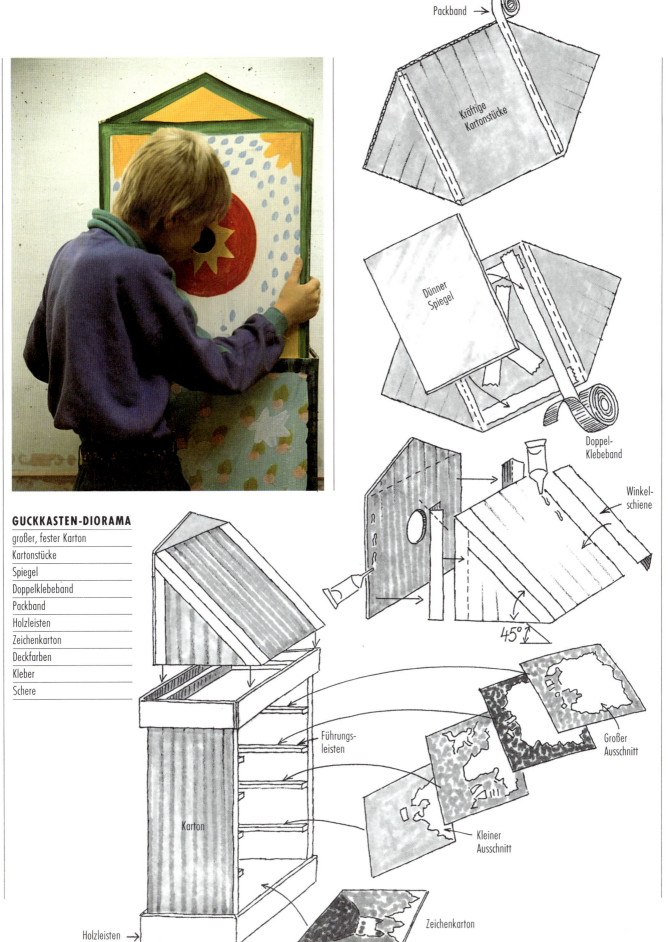

GUCKKASTEN-DIORAMA

großer, fester Karton
Kartonstücke
Spiegel
Doppelklebeband
Packband
Holzleisten
Zeichenkarton
Deckfarben
Kleber
Schere

KARTENSCHLOSS

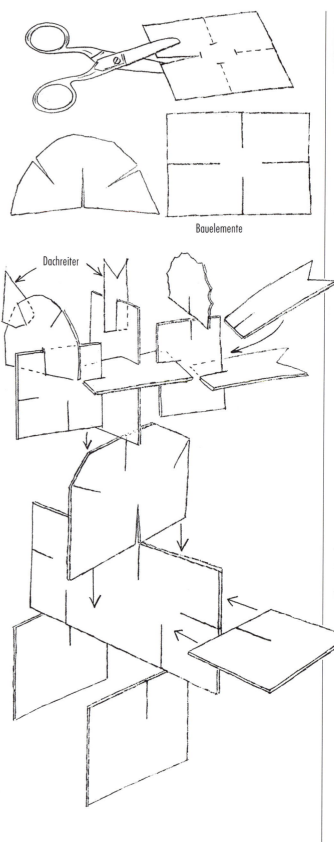

Bauelemente

Dachreiter

Mit bunten Wänden wächst das luftige *Bauwerk* in den Raum. Bizarre Dachreiter krönen seine Giebel. Karten mit unterschiedlichen Formen und Reststücke von farbigem Fotokarton werden mit Schlitzen versehen und ineinandergesteckt.

BAUWERK
Fotokarton
Schere

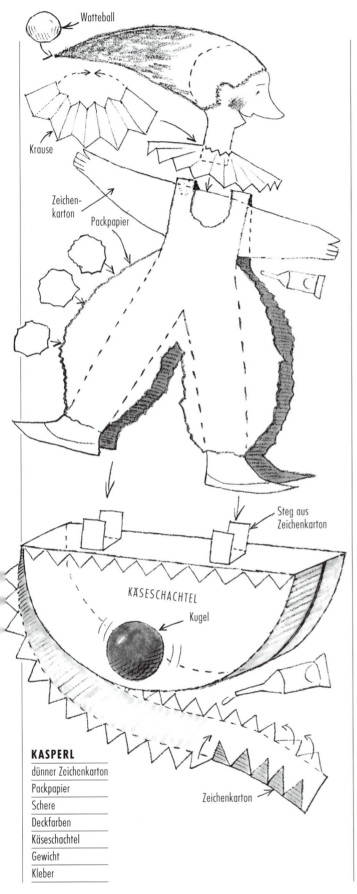

KASPERL

dünner Zeichenkarton
Packpapier
Schere
Deckfarben
Käseschachtel
Gewicht
Kleber

Eine Käseschachtel wird zur Wiegeschaukel für einen *Kasper* aus Zeichenkarton. Die Figur wird doppelt ausgeschnitten und an Kopf und Oberkörper zusammengeklebt. Die Pluderhose ist aus Packpapier, die Krause aus Schreibmaschinenpapier. Da der Deckel der Käseschachtel übersteht, wird die Bodenschachtel mit einem Pappstreifen umklebt.

Bevor man die Schachtel schließt, wird eine Murmel hineingelegt. Diese läßt den Kasper ruckartig schaukeln. Wird statt der Kugel ein Gewicht in die Mitte des Bodens geklebt, zum Beispiel eine schwere Schraubenmutter, dann zeigt die Figur auch bei heftigerem Schaukeln eine erstaunliche Standfestigkeit. Ein langer Streifen aus Papier mit eingeschnittenen Zickzackrändern wird rundum geklebt und hält die Schachtelhälften zusammen.

WINDRADBAUM

Sein Stamm ist ein Besenstiel und seine Krone ein Bündel Stroh, seine Äste sind Blumenstäbe und seine Blätter fast hundert Windräder aus Faltpapier, die sich im Wind munter drehen. Für den *Windradbaum* wurde ein extra Holzständer gebaut, in dem der Besenstiel verkeilt wird.

Blütenräder warten auf den Wind. Sie sitzen fest an den Zweigen, bereit zum bunten Kreisen. Aus farbigen Papierscheiben werden die *Blüten* gefaltet und ihre Blätter rund oder spitz geschnitten. Dann klebt man die Papierblüte auf eine größere Scheibe aus weißem Zeichenkarton, der vom Rand aus bis zu den Faltlinien der Papierblume eingeschnitten wird. Es entsteht ein Flügelrad. Mit Hilfe von Lineal und Schere werden in die einzelnen Flügelelemente Linien geritzt. Sie bilden die Falzkanten, an denen die Flügelseiten nach oben und nach unten gefaltet werden, damit sich der Wind in ihnen fangen kann.

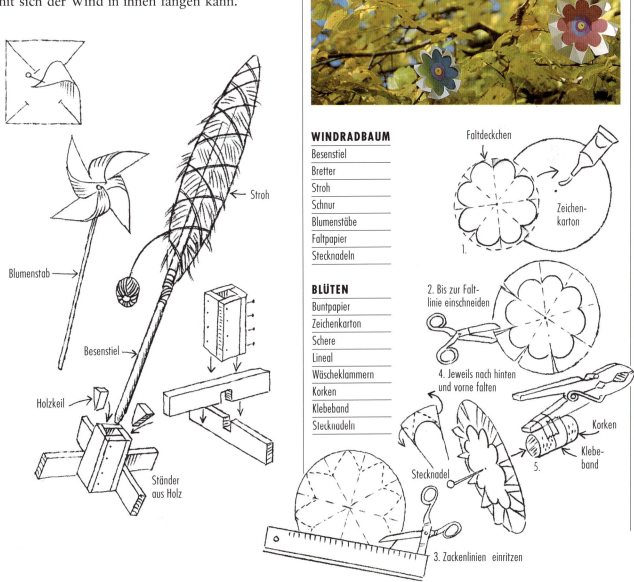

WINDRADBAUM
Besenstiel
Bretter
Stroh
Schnur
Blumenstäbe
Faltpapier
Stecknadeln

BLÜTEN
Buntpapier
Zeichenkarton
Schere
Lineal
Wäscheklammern
Korken
Klebeband
Stecknadeln

HIMMELSSTÜRMER

Ein Blatt Papier geht in die Luft, als Drachen, Pfeil oder Schwalbe erforscht es das Himmelsblau.

Nur einen Bogen DIN-A4-Papier braucht der *Schlittendrachen*. Mit Nähgarn, etwas Klebeband und bunten Kreppapierstreifen ist er schnell gebastelt. Ein günstiger Aufwind verhilft ihm zu einem guten Start.

Der *„Pfeil"* und die *„Schwalbe"* sind zwei klassische Faltflieger. Der Pfeil schießt schnell in die Höhe und kehrt in weitem Gleitflug zur Erde zurück. Die Schwalbe segelt in langsamen Kreisen zu Boden und fliegt mit und ohne eingesteckten Schwanz.

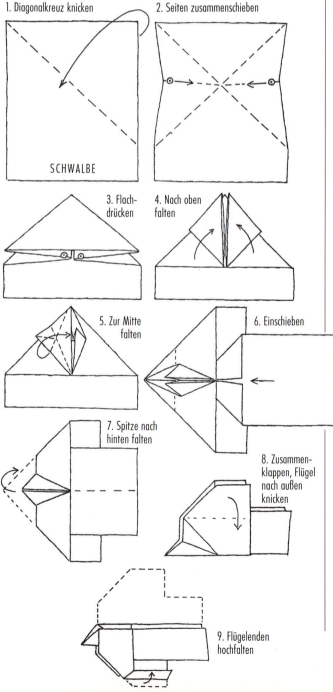

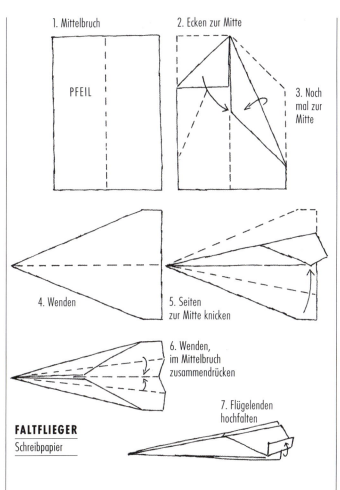

1. Mittelbruch
2. Ecken zur Mitte
3. Noch mal zur Mitte
4. Wenden
5. Seiten zur Mitte knicken
6. Wenden, im Mittelbruch zusammendrücken
7. Flügelenden hochfalten

PFEIL

FALTFLIEGER
Schreibpapier

DRACHEN

Schreibmaschinenpapier	Faden
Klebeband	Kreppapier
Schere	Lineal
	Bleistift

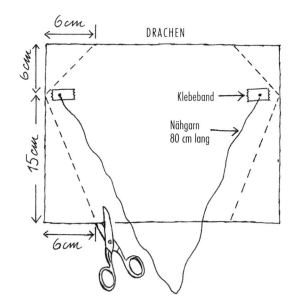

DRACHEN — 6cm, 6cm, 15cm, 6cm
Klebeband
Nähgarn 80 cm lang

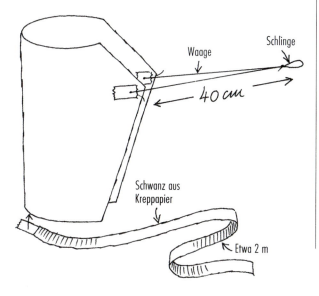

Waage, Schlinge, 40 cm
Schwanz aus Kreppapier
Etwa 2 m

INDIANER AM FEUER

Sie haben Frieden geschlossen und besiegeln ihr Bündnis mit dem Rauch der Friedenspfeife. Das Rauchen des Kalumet, der heiligen Pfeife, war eine wichtige Zeremonie bei den Indianerstämmen der Prärie, dem Grasland beiderseits des Mississippi. Die Pfeifenköpfe wurden aus einem weichen roten Stein geschnitzt, den man nur in einem Steinbruch im heutigen Minnesota, auf dem Gebiet der Sioux-Dakota-Indianer fand. Das Rohr der Pfeife war verziert und an ihm hingen weiße oder rote Federn: weiße für den Frieden und rote für den Krieg – denn es gab auch Kriegspfeifen. Auch die Indianerfrauen rauchten Pfeife, aber nur die Friedenspfeife. Sie kreiste in der Runde, dabei wurden miteinander Probleme besprochen.

INDIANER
| Packpapier |
| Silhouettenschere |
| Kleber |
| Bleistift |
| Nadel, Stichel |

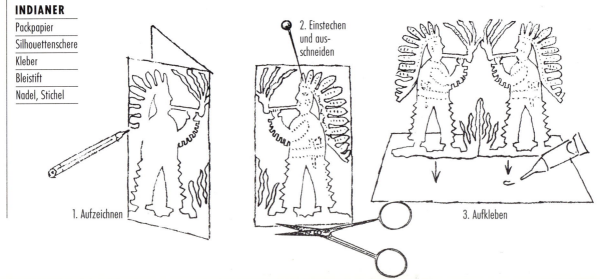

1. Aufzeichnen
2. Einstechen und ausschneiden
3. Aufkleben

Ein Blatt Packpapier in DIN-A4-Größe wird in der Mitte zusammengefaltet und auf eine Hälfte ein Lagerfeuer und ein *Indianer* gezeichnet. Die Figur und das Feuer werden ausgeschnitten. Mit eingestochenen Punktlinien werden Einzelheiten der Figuren hervorgehoben. Der Faltschnitt wird aufgeklappt und auf einen andersfarbigen Untergrund geklebt, zum Beispiel auf blaues, handgeschöpftes Papier.

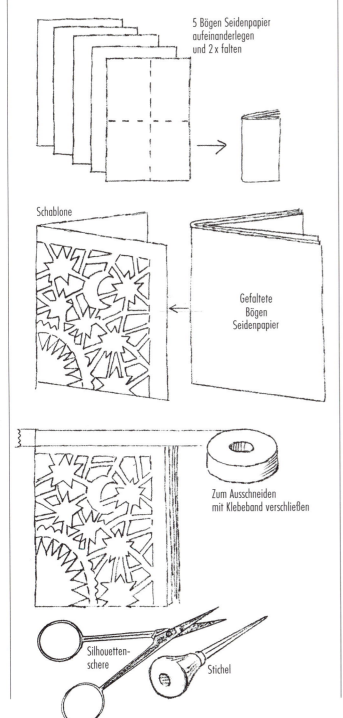

Wie Spitzen wirken die *Deckchen* aus buntem Seidenpapier. Man faltet alle fünf Seidenpapierbögen zweimal in der Mitte zusammen. Auf einem gefalteten Schreibmaschinenpapier wird das Muster vorgezeichnet. Einzelne größere Elemente, wie die Sonne, der Mond und die Sterne, sind dabei mit Stegen untereinander verbunden. Die fünf gefalteten Seidenpapiere werden in die Schablone gelegt. Jetzt kann mit einer scharfen, spitzen Schere entlang der gezeichneten Linien ausgeschnitten werden. Vorsicht, die Stege nicht durchschneiden! Mit einem Stichel bohrt man die Einstichlöcher für die Schere vor.

DECKCHEN

Seidenpapier

Schreibmaschinenpapier

Silhouettenschere

Stichel

Bleistift

AUF DEM CHRISTKINDLMARKT

An den Nachmittagen im Dezember wird es schon früh dunkel. In den alten Häusern des Marktplatzes werden die Lichter angezündet und die Öfen nachgeschürt. Auch die Verkaufsbüdchen am Markt sind hell erleuchtet, und sacht beginnt es zu schneien.
Das große *Fensterbild* besteht aus zwölf einzelnen Scherenschnitten. Die Motive werden auf schwarzes Tonpapier gezeichnet und am besten mit der Schneidefeder ausgeschnitten. Als Rahmen wird dabei ein fingerbreiter Rand stehengelassen. Erst wenn der Scherenschnitt auf Transparentpapier aufgeklebt ist, bekommt er wieder Halt. Will man einzelne Teile mit farbigem Pergaminpapier hinterlegen, so muß dieses entsprechend zugeschnitten und auf die Rückseite des schwarzen Tonpapieres aufgeklebt werden. Die weißen Schneeflocken sind Löcher, die in das dunkelblaue Transparentpapier des Nachthimmels gestochen wurden.

FENSTERBILD
Tonpapier
Pergamin
Transparentpapier
Schneidefeder
Bleistift
Kleber

Unter einem leuchtenden Sternenhimmel tanzen Mädchen mit bunten Lampions einen Reigen. Für die *Rundlaterne* wird ein dunkelblauer Tonpapierstreifen, 70 x 35 cm, sechsmal unterteilt und im Zickzack zusammengefaltet. Dann zeichnet man das Bildmotiv auf die oberste Seite und schneidet den Faltschnitt aus. Der fertige Scherenschnitt wird auf durchsichtiges Transparentpapier geklebt und mit bunten Pergaminpapieren gestaltet. Das Papier wird zur Rundlaterne gebogen und der Kreisboden aus Karton mit seinem Zackenrand hineingeklebt.

LATERNE
Tonpapier
Transparentpapier
Pergamin
Karton
spitze Schere
Bleistift
Kleber

LICHTERTÜTEN

Sie leuchten hell in die Dunkelheit und wärmen beim Laternenumzug kalte Kinderhände. Wer Angst hat, daß es zu heiß wird, trägt die Tragetaschen aus Papier lieber am langen Stecken.
Mit spitzer Schere werden die Gesichter der *Laternentüten* ausgeschnitten und mit Doppelklebeband Teelichter innen auf dem Tütenboden befestigt.

LATERNENTÜTE
Tragetasche aus Papier
Schere
Teelicht
Doppelklebeband

Selbstbemalte *Weihnachtstüten* warten auf den Weihnachtsmann. Wenn am Morgen ein Zweig am Henkel steckt, wissen die Kinder: Der Nikolaus ist da gewesen!
Aus Packpapier sind diese großen Tüten schnell gemacht. Die kastenförmige Laternen-Tüte hat, im Unterschied zur Weihnachtstüte, noch seitlich gefaltete Wände, die das Papier auseinanderhalten.

WEIHNACHTSTÜTE
Papiertüte
Deckfarben

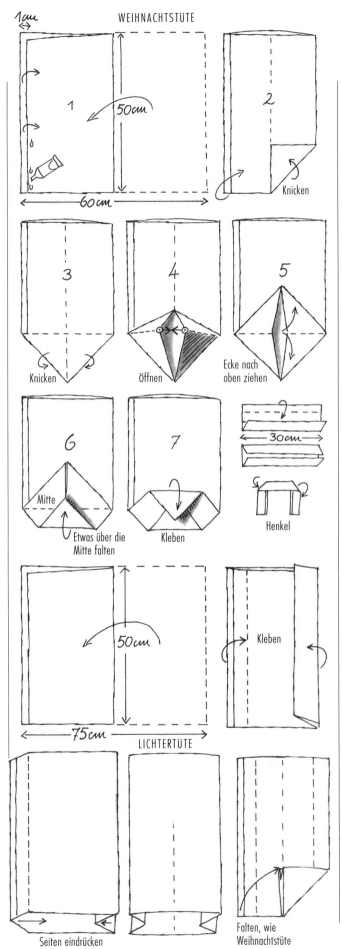

„Schau, wie ich friere", zittert die Krähe aus Papier. „Kräh, kräh, alles voll Schnee!" antwortet die andere. Die beiden träumen vom Frühling und erzählen sich vom zarten Grün der Birkenwälder und der jungen Saat auf den Feldern – und ihnen wird warm ums Herz.

Aus spitzen Obsttüten entstehen die *Handspielpuppen* in Vogelform. Wie man die Dreieckstüten selber macht, zeigt die Zeichnung.

HANDSPIELPUPPEN

spitze Obsttüten

Deckfarben

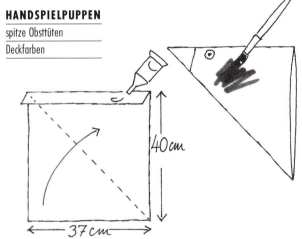

ÜBERRASCHUNGSSTERNE

24 Sterne hängen in der Adventszeit im Zimmer. Jeden Tag darf ein Stern geöffnet werden, sein Inhalt versüßt die Zeit des Wartens auf das Weihnachtsfest. Die *Sterne* werden aus zwei Scheiben gelben Tonpapiers geschnitten und zusammengeklebt. Eine Zacke muß offenbleiben. Durch diese Öffnung kann der Stern mit kleinen Überraschungen gefüllt werden.

ÜBERRASCHUNGSSTERN
Tonpapier
Schere
Kleber
Bändchen

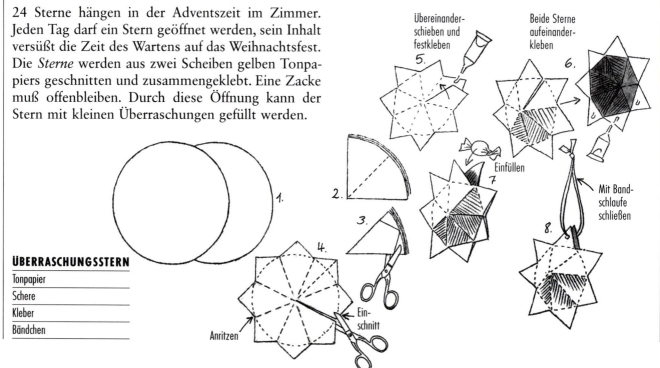

Der *Flechtstern* aus Papierstreifen wird auch „Fröbelstern" genannt. Friedrich Fröbel war ein Pädagoge, der Mitte des 19. Jahrhunderts lebte. Er erfand Spiel- und Beschäftigungsmittel zur Förderung der Entwicklung der Kinder.

Für den Stern bereitet man vier 2 cm breite und 50 cm lange Papierstreifen vor. Sie werden der Länge nach in der Mitte zusammengefaltet. Wie es weitergeht, das ist mit Zeichnungen am besten zu erklären.

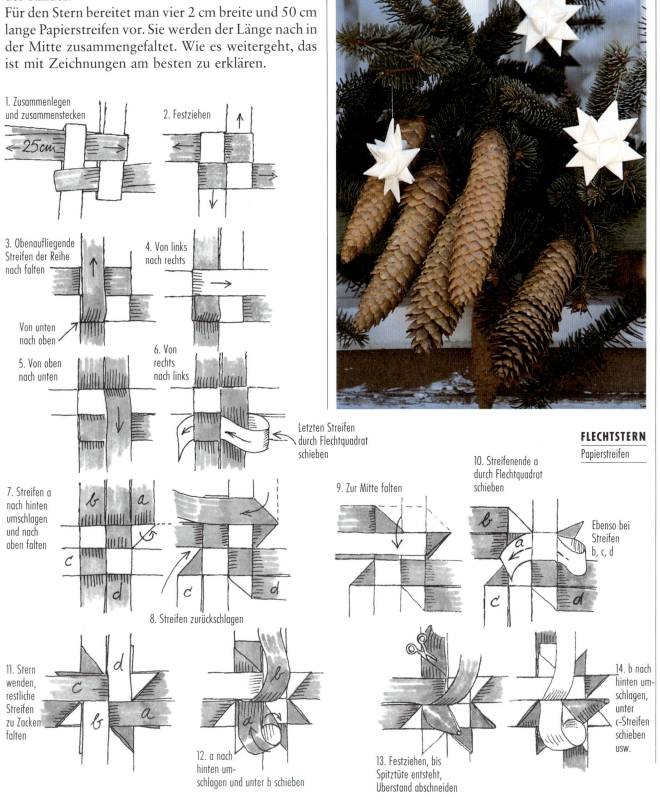

1. Zusammenlegen und zusammenstecken
2. Festziehen
3. Obenaufliegende Streifen der Reihe nach falten — Von unten nach oben
4. Von links nach rechts
5. Von oben nach unten
6. Von rechts nach links — Letzten Streifen durch Flechtquadrat schieben
7. Streifen a nach hinten umschlagen und nach oben falten
8. Streifen zurückschlagen
9. Zur Mitte falten
10. Streifenende a durch Flechtquadrat schieben — Ebenso bei Streifen b, c, d
11. Stern wenden, restliche Streifen zu Zacken falten
12. a nach hinten umschlagen und unter b schieben
13. Festziehen, bis Spitztüte entsteht, Überstand abschneiden
14. b nach hinten umschlagen, unter c-Streifen schieben usw.

FLECHTSTERN
Papierstreifen

WENN WEIHNACHTEN IST

Dicke Flocken fallen vom Himmel und hüllen die Hügel in farbiges Weiß. Von allen Seiten kommen Bauern und Hirten mit ihren Tieren, um das kleine Kind im Stall zu besuchen.

Für die *Steck-Krippe* werden zwei Kartonbögen mit Deckfarben bemalt. Der größere Bogen bekommt ein Holzhaus aufgemalt, wie auf der Zeichnung zu sehen ist. Auf den kleineren Kartonbogen werden auf beiden Seiten zwei kleine Schuppen und im Mittelteil die Rückwand des Holzhauses gemalt. Nach dem Trocknen wird der kleinere Karton in der Mitte geknickt und das Umfeld der Schuppen weggeschnitten. Dann steckt man beide Kartons an den Schlitzen ineinander. Mit einem Glühlämpchen oder einer Kerze kann der Innenraum des Hauses beleuchtet werden.

Die Figuren werden auf Zeichenkarton aufgemalt, ausgeschnitten und mit Stützstreifen, die auf ihre Rückseite geklebt sind, zum Stehen gebracht.

STECK-KRIPPE

starke Graupappe
Deckfarben
Pappmesser
Taschenlampe

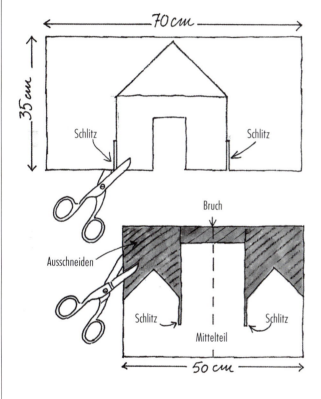

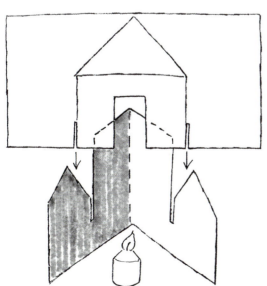

Statt der flachen Papierfiguren können auch *Figuren aus Kleisterpapier* gebaut werden. Dabei wird zuerst der Kopf aus Salzteig geformt (2 Teile Mehl, 1 Teil Salz, 1/2 Teil Wasser), auf ein Stäbchen gesteckt und zum Trocknen etwa zwei Stunden bei 75 Grad in ein Backrohr gelegt. Danach wird um Kopf und Stab aus geknülltem Kleisterpapier der Körper der kleinen Krippenfigur geformt. Nach dem Trocknen wird die Figur mit Dispersionsfarbe bemalt.

FIGUREN

Deckfarben
dünner Zeichenkarton
oder:
Salzteig
Zeitungspapier
Kleister
Holzspießchen
Dispersionsfarbe

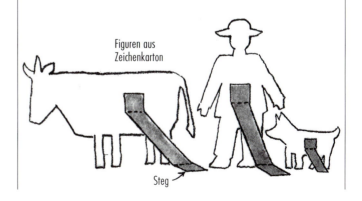

KLEISTERPAPIER

Für dieses Schmuckpapier wird gefärbter Kleister auf Papier aufgetragen und mit einfachen Hilfsmitteln ein Muster ausgeschabt. Als Untergrund nimmt man am besten Zeichenpapier. Dieses kann weiß oder farbig sein. Man kann es auch selbst einfärben.

Als Kleisterbrei eignet sich der einfache Tapetenkleister. Man kann ihn mit angerührter Pulverfarbe oder Holzbeize (konzentriert), mit Plaka- oder Dispersionsfarbe färben. Mit dickem Pinsel wird diese Kleistermasse auf den Papierbogen aufgetragen, mehr gestupft als gestrichen, bis sie in einer dünnen Schicht auf dem Papier „schwimmt".

Nun kann diese Schicht verschieden behandelt werden: Ein Schwamm oder geknüllter Stoff wird wie ein Stempel aufgedrückt und gibt seine Struktur ab, ein Stückchen Pappe kann in der Kleisterschicht verschoben werden, oder man wischt mit den Fingern Muster ein.

Das typische Kleisterpapiermuster entsteht jedoch durch „Kämmen" mit einem Kamm aus Karton. Er wird über den Kleister gezogen und hinterläßt dabei Streifenspuren in der Farbe des Papiergrundes. Als Kamm nimmt man ein Stück Karton und schneidet Kerben ein. Der Abstand der Kerben kann gleichmäßig oder ungleichmäßig sein. Mit diesem Kamm wird gerade, kreuz und quer, gewellt, gezackt oder in Kreisen über das Papier gezogen. Da sich das Papier beim Trocknen wellt, muß es wieder glattgepreßt oder gebügelt werden.

Mit Kleisterpapier kann man Mappen, Schachteln und Dosen beziehen oder lange Pythonschlangen falten (Faltanleitung, Seite 20).

KLEISTERPAPIER
Tapetenkleister
Zeichenpapier
dicker Pinsel
wasserlösliche Farben
Karton
Schere

Kartonkamm mit unregelmäßigen Zacken

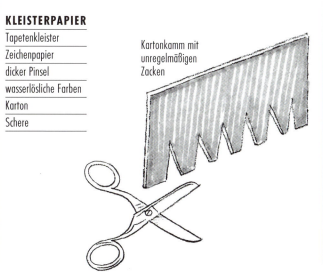

MARMORPAPIER

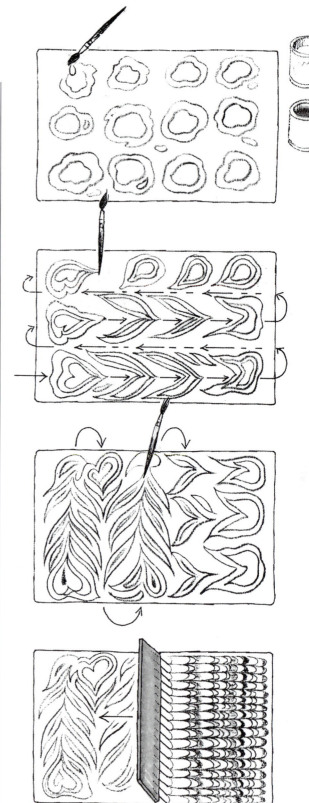

Das Marmorieren von Papier ist eine alte Kunst der Buchbinder und Buntpapierhersteller. Dieses Kunsthandwerk kam aus Japan über Persien in die Türkei. Als „Türkisch Papier" wurde es dann in Mitteleuropa bekannt. In den vorigen Jahrhunderten benutzte man die Technik vor allem für Bucheinbände. Die Herstellung komplizierter Muster war ein streng gehütetes Geheimnis.

Zum Marmorieren eignen sich am besten kräftiges Zeichenpapier, Packpapier oder Ingresbütten. Das Papier muß fest sein, damit es beim Abspülen mit Wasser nicht aufweicht und reißt.

Beim Marmorieren schwimmt die Farbe auf einem Grund, von dem sie mit Papier abgenommen wird. Es gibt verschiedene Arten, Marmorpapier herzustellen. Die hier beschriebenen Techniken sind die einfacheren und basieren auf der Tatsache, daß sich Öl und Wasser nicht miteinander mischen. Man verwendet dazu Künstler-Ölfarben, Wasser und als Lösungsmittel Terpentinöl oder Spiritus.

Für die klassische und kompliziertere Art des Marmorierens nehmen die Profis wasserlösliche, spezielle Marmorier- oder Temperafarben, ein Treibmittel (Ochsengalle), ein Beizmittel für das Papier – sonst löst sich die Farbe beim Abspülen des Kleisters wieder ab – und Karragheenmoos als Schleimgrund.

Marmorieren auf Wasser: Für dieses Papier, auch Öltunkpapier genannt, wird eine Schüssel oder Wanne mit Wasser gefüllt. Sie sollte nicht viel größer als der Papierbogen sein. Zum Verdünnen der Ölfarbe werden 2 bis 3 cm Farbe aus der Tube in ein Glas gedrückt und mit Terpentinöl verrührt, bis sie flüssig vom Pinsel rinnt. Mit dem Pinsel wird sie auf das Wasser getropft. Sie breitet sich sofort aus und bildet einen

MARMORPAPIER		KAMM
festes Papier	Zeitungspapier	Karton
flache Wanne	oder:	Zahnstocher
Künstler-Ölfarben	Kleister	Packband
Terpentinöl	Holzstäbchen	
Wasser	Zeitungspapier	

kaum sichtbaren Film auf der Wasseroberfläche. Mehrere Farben werden so aufgetropft. Mit Papier wird das Muster abgenommen. Dabei faßt man das Papier an zwei diagonal gegenüberliegenden Ecken, legt es, mit der durchhängenden Mitte zuerst, rasch auf die Wasseroberfläche und nimmt es gleich wieder hoch. Das Muster zeichnet sich deutlich auf dem Bogen ab. Restfarbe auf der Wasserfläche wird mit Zeitungspapier abgenommen.

Die Papiere der gefalteten Schachteln und die darunterliegenden sind auf diese Weise entstanden.

Marmorieren auf Kleistergrund: Dickflüssiger Kleister wird 2 bis 3 cm hoch in eine Wanne gefüllt. Auf ihm lassen sich, im Gegensatz zum „Wassergrund", präzisere Muster herstellen. Mit einem Pinsel oder einem Strohhalm wird in gleichmäßigen Reihen die verdünnte Ölfarbe aufgetropft. Ob sich die Tropfen weiter ausbreiten oder ob sie konzentriert an einer Stelle bleiben, das hängt von der Flüssigkeit des Kleisters oder der Farbe ab. Mit einem Stäbchen und einem speziellen Kamm werden nun Linien durch die Tropfen und den Kleister gezogen. Die Zeichnung zeigt die Schritte, die beim Ziehen der Linien nötig sind, um das bekannte Wellenmuster der Marmorpapiere zu bekommen. Man kann dazu einen Kamm, der aus einem Streifen Karton, Zahnstochern und einem Packband schnell gefertigt ist, verwenden. Durch Diagonalstriche, Wellen, Kreise oder Zickzackbewegungen mit dem Stäbchen oder Kamm entstehen verschiedene Muster. Wie beim Marmorieren auf Wasser wird das Muster mit dem Papier abgehoben. Mit der Musterseite nach oben legt man dann das Papier auf ein Unterlagenbrett – am besten aus Plastik – und spült den Kleister unter fließendem Wasser ab. Ideal ist das Abbrausen mit einer Dusche. Die Farbreste auf der Kleistermasse in der Wanne werden mit Zeitungspapier entfernt: Es werden so oft wannengroße Zeitungsbögen aufgelegt und damit die Farbe abgehoben, bis der Kleister sauber ist.

BATIKPAPIER

Die Muster der *Tauchbatikpapiere* entstehen durch Falten, Zusammenpressen, Abbinden, durch Rollen oder Verdrehen des Papiers.

Zum Tauchen und Färben wird Holzbeize oder Ostereierfarbe verwendet. Das Papier muß sehr saugfähig sein. Am besten eignet sich Japanpapier, es ist weich und trotzdem reißfest. Auf dem Foto sind die drei kleinen Papierquadrate aus Japanpapier gebatikt.

Das Japanpapier wird zwei- oder dreimal gefaltet und zusammengepreßt. Dann taucht man eine Ecke in Farbe. Hat das Papier ausreichend viel Farbe aufgenommen, wird eine andere Ecke oder Kante in Farbe getaucht. Praktisch ist es, das Papier mit Wäscheklammern festzuhalten. Sind alle gewünschten Stellen gefärbt, wird das Papierpaket zum Trocknen gelegt. Nach dem Öffnen zeigen sich gleichmäßig über das Papier verteilte Farbflecken.

Es gibt unterschiedliche Möglichkeiten, das Papier für die Batik zusammenzufalten, zum Beispiel kann es diagonal zusammengelegt werden oder die Ecken werden zur Mitte gefaltet. Jedesmal entsteht ein anderes Muster!

Die großen Bögen Seidenpapier wurden wie eine Ziehharmonika zusammengefaltet, einmal längs und danach quer, und zwischen zwei flache Holzleistenstücke gebunden. Sie wurden ganz in Farbe getaucht. Faltet man das Papier nach dem Trocknen auseinander, kommt ein Karomuster zum Vorschein. Werden zwei Seiten des Päckchens in verschiedene Farben getaucht, entsteht ein Streifenmuster.

TAUCHBATIK

| Japanpapier oder |
| Seidenpapier |
| Holzbeize oder |
| Ostereierfarbe |
| Plastikbecher |
| Holzleiste |
| Säge |
| Schnur |

TROPFBATIK

| weiße Kerzen |
| Zeichenpapier |
| Holzbeize oder |
| Ostereierfarbe |
| breiter Pinsel |
| Küchenkrepp oder |
| Zeitungspapier |
| Bügeleisen |

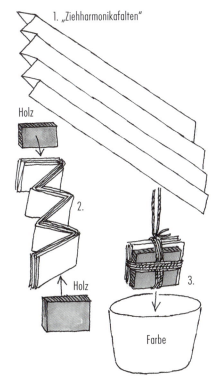

Für die *Tropfbatik* der Tüten und Taschen links wurde normales Zeichenpapier verwendet. Die Punkte werden mit einer weißen Kerze aufgetropft und das Blatt mit Farbe übermalt. Alle Wachstropfen erscheinen nun weiß. Ist der Bogen trocken, werden neue Wachstropfen aufgesetzt und mit einer anderen Farbe übers gestrichen. Diesen Vorgang kann man beliebig wiederholen.

Wie die Tütenform geklebt wird, steht auf Seite 118. Ein Teelicht hineingesetzt – und durch die Punkte leuchtet farbiges Licht!

Batik mit dem Pinsel schmückt das Papier der dunklen Tüten rechts daneben. In schwungvollen Zügen wird das heiße Wachs aufgemalt oder aufgespritzt. Unterschiedliche Farben der Holzbeize werden in Streifen oder in Flecken naß in naß darübergemalt. Das Wachs wird zwischen mehreren Lagen Zeitungspapier oder Küchenkrepp mit einem heißen Bügeleisen wieder zum Schmelzen gebracht. Das Papier saugt das flüssige Wachs dabei auf.

PINSELBATIK

| weiße Wachsreste |
| altes Töpfchen |
| Pinsel |
| Packpapier |
| Holzbeize |
| Küchenkrepp |
| Bügeleisen |

KLEINE PAPIERGESCHICHTE

Ursprünglich wurde Papier nur als Nachrichtenträger benutzt. Ein chinesischer Hofbeamter, Tai Lun, soll es im 1. Jahrhundert unserer Zeitrechnung erfunden haben. Es war eine Notlösung, denn die Seide, auf die bis dahin geschrieben wurde, war viel zu kostbar geworden.
Während die Chinesen Seide als Schreibgrund benutzten, behalfen sich andere Völker mit Rindenstückchen oder Steinplatten, Wachs- und Tontafeln, Papyrus, Pergament und Tapa.
Papyrus wurde vor 6 000 Jahren erfunden. Es war das Schreibmaterial der Antike, das unserem Papier seinen Namen gab. Es wurde aus Markstreifen der Papyrus-Schilfstaude in Ägypten gewonnen.
Erst im 4. Jahrhundert wurden die antiken Schriftrollen aus Papyrus von in Buchform gebundenem Pergament abgelöst. Pergament besteht aus besonders bearbeiteten, ungegerbten Tierhäuten. Es ist haltbarer und besser zu beschriften als Papyrus.

Tapa ist ein papierähnliches Material. Es wird aus dem Rindenbast des Papiermaulbeerbaumes, des Brotfruchtbaumes, des Feigenbaumes und anderer Bäume hergestellt und heute noch von Naturvölkern verwendet.

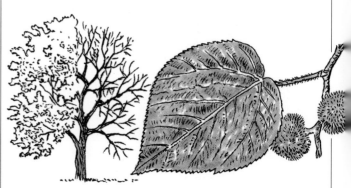

Die Kenntnis der Papierherstellung gelangte von China nach Korea, und im 7. Jahrhundert soll sie ein buddhistischer Mönch nach Japan gebracht haben. Als Rohstoff diente dort die Rinde des Papiermaulbeerbaumes. Es entwickelte sich eine hohe Papierkultur, zu der auch das Origami zählt. Diese japanische Papierfaltkunst ist die älteste bekannte Form, Papier auch als gestalterisches Ausdrucksmaterial zu verwenden.

Von ihren chinesischen Kriegsgefangenen erfuhren die Araber im 8. Jahrhundert das „Geheimnis der weißen Kunst". Sie verbreiteten es im Laufe der nächsten vier Jahrhunderte im gesamten islamischen Raum, über Nordafrika bis nach Spanien. Dort entstand im 12. Jahrhundert die erste Papierwerkstatt Europas.

In Deutschland wurde 1390 vor den Toren Nürnbergs die erste Papiermühle in Betrieb genommen. Papier zählte damals immer noch zu den Luxusgütern.
Erst durch die Erfindung des Buchdrucks, Mitte des 15. Jahrhunderts, erlebte das Papier eine größere Nachfrage und löste schließlich im 16. Jahrhundert das Pergament ab. So hielt das Papier Einzug in die Kanzleien und Verwaltungen, in die Handelskontore und Gelehrtenstuben.
Bis ins 19. Jahrhundert bestand das Material, aus dem in Europa das Papier gefertigt wurde, fast ausschließlich aus textilem Rohstoff wie Lumpen und Hadern. Dieses wurde bei der ständig steigenden Papierproduktion immer knapper. Deshalb suchte man nach neuen Rohstoffen.

Der französische Naturforscher A. F. Réaumur machte eine für die zukünftige Herstellung von Papier aufregende Entdeckung. Er beobachtete, daß die Wespen zum Nestbau Holz fein zerraspeln und mit einem klebrigen Sekret binden. Er verwies auf die Möglichkeit, auf ähnliche Weise Papier herzustellen.

Als schließlich 1843 der Sachse Friedrich Gottlob Keller den Holzschliff erfand, bei dem mit Hilfe eines Schleifsteins und Wasser Holz zerfasert werden konnte, war Holz als neuer Rohstoff für das Papier gefunden. Um hochwertiges Papier zu bekommen, mußten aber weiterhin Lumpen beigemischt werden. Erst durch die Erfindung und Beimengung von Zellstoff konnte man immer mehr auf textilen Rohstoff verzichten. Zur Gewinnung von Zellstoff werden Holz, Stroh und Espartogras auf chemischem Weg in Zellulosefasern zerlegt. Für unsere heutigen Papiere werden Holzschliff, Zellstoff, Altpapier und auch noch Lumpen verwendet und mit Leim-, Füll- und Farbstoffen ergänzt.

Aus der handwerklichen Manufaktur sind längst Papierfabriken geworden, mit riesigen Maschinen, bei denen der Papierbrei nicht mehr aus einer Bütte geschöpft wird, sondern auf ein bis zu 100 m langes sogenanntes „Langsieb" fließt. Die feuchte Papierbahn wird am Ende des Siebes um dampfbeheizte Trockenzylinder geleitet und kann gleich trocken aufgerollt werden. 2000 m² Papier können so in der Minute produziert werden! Der Papierbedarf und die Papierproduktion steigen ständig. Trotz des Anteils von über 40 % Altpapier ist der Verbrauch an Rohstoffen, an Energie- und Wasserverbrauch sehr hoch. Die ökologischen Belastungen, die durch die Papierindustrie entstehen, fordern beim verschwenderischen Umgang mit Papier ein Umdenken. Recycling heißt die Devise! Papier ist kostbar.

PAPIERSCHÖPFEN

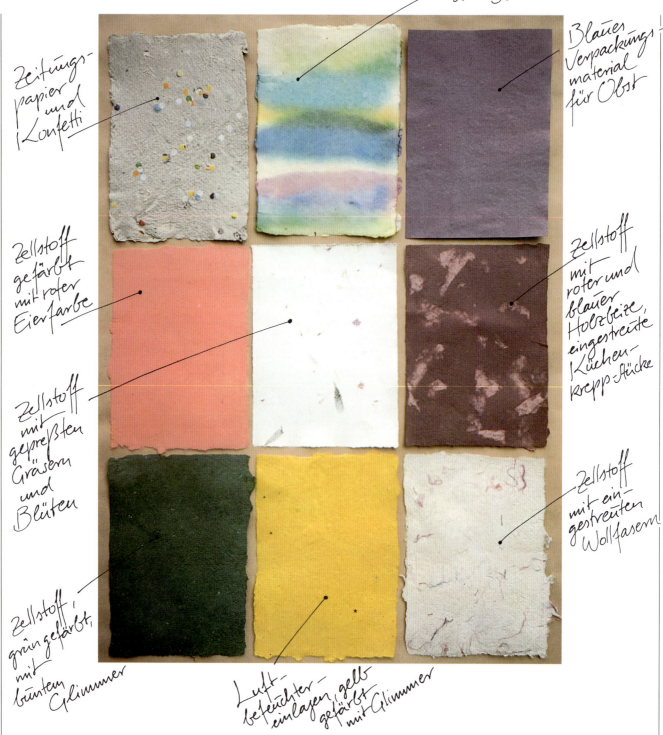

In Europa sind von den historischen Papiermühlen noch ein paar in Betrieb. Von Papiermachermeistern wird dort immer noch nach alter Rezeptur handwerklich schönes Büttenpapier (siehe Seite 136) geschöpft. Die Schönheit von Papier zu sehen, es zu fühlen und das Knistern und Rascheln zu hören, übt einen eigenen Reiz aus. Viele Künstler auf der ganzen Welt haben in den letzten zwei Jahrzehnten die Sinnlichkeit dieses Materials wiederentdeckt. In künstlerischen Werkstätten schöpfen und gestalten sie ihr eigenes, ganz besonderes Papier.

Für den Hobby-Papierschöpfer gibt es im Handel eine einfache *Papiermacherausrüstung* zu kaufen. Das Set enthält alle wichtigen Utensilien, die zur Papierherstellung nötig sind.

Doch man kann sich einen Schöpfrahmen mit Deckel aus Holzleisten auch selber bauen. Das Drahtgitter (Fliegengitter) zum Bespannen gibt es in einer Eisenwarenhandlung zu kaufen. Es muß aus nichtrostendem Material sein, sonst nimmt man lieber ein Kunststoffgewebe. Bei einem größeren Sieb ist es ratsam, das Siebgeflecht mit Holmen zu unterstützen, damit es in der Mitte nicht durchhängen kann. Als Gautschtücher (siehe Seite 136) schneidet man sich weißen Filz zurecht, und als Preßplatten besorgt man sich mit Resopal beschichtete Preßspanplatten (ca. 1 cm stark). Für den *Papierfaserbrei* kann fast jedes Papier wiederaufbereitet werden: Zeitungs- und Computerpapier, Pack- und Briefpapier. Das Papier sollte nur keine zu glänzende Oberfläche haben. Es wird in kleine Schnipsel zerrissen und im Haushaltmixgerät mit warmem Wasser zerkleinert – nicht zu grob und nicht zu fein. In einer Wanne (Bütte), gefüllt mit lauwarmem Wasser, wird der im Mixer entstandene Papierbrei aufgelöst. Um dem Papier die notwendige Schreibfestigkeit zu geben, kann dem Stoff Leim und Füllstoff zugefügt werden. Am besten eignet sich dazu mit Wasser verdünnter Weißleim. Als Füllstoff kann ein Teelöffel Kaolin dazugegeben werden. Mit farbigen Tinten, Ostereier- oder Dispersionsfarben kann das Papierfaserwasser gefärbt werden. Auch der Zusatz von farbigem Papierbrei, gewonnen aus farbigem Papier, kann die neuen Bogen einfärben.

PAPIERSCHÖPFEN

Schöpfrahmen mit Deckel
Filztücher
2 Preßplatten
Altpapier
Wanne
Schraubzwingen
Mixer
Leim
Füllstoff
Färbemittel

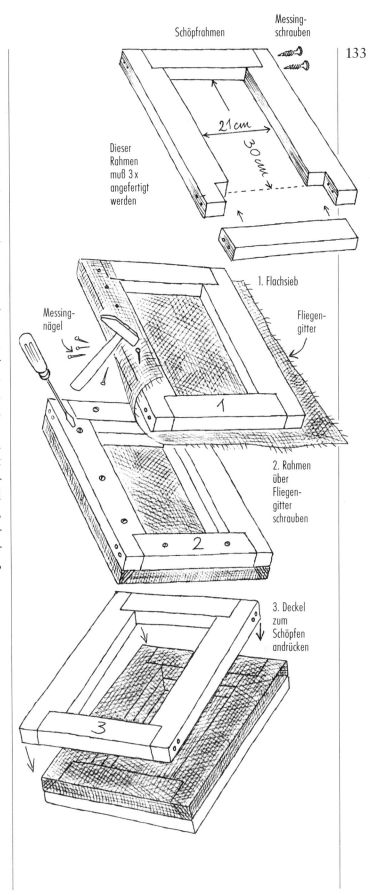

1. Schöpfrahmen senkrecht eintauchen
2. Waagrecht drehen
3. Hochheben und Wasser ablaufen lassen Papier
4. „Deckel" abnehmen
5. Papier auf Gautschtuch drücken und Rahmen abheben

Papier
Gautschtuch
Platte

6. Pressen

Geschichtete Reihenfolge
Tuch
Papier
Tuch
Papier
Tuch
usw.

Pressplatte

Zum *Schöpfen* wird auf das Flachsieb der Rahmendeckel gesetzt, beides mit den Händen zusammengehalten und senkrecht in das Papierfaserwasser getaucht. Unter Wasser wird es waagerecht gedreht und langsam nach oben bewegt. An der Wasseroberfläche wird es, immer noch waagerecht, in alle Richtungen gerüttelt, damit sich der geschöpfte Faserbrei auf dem Gitter gleichmäßig verteilt. Dann wird das Sieb mit dem Rahmendeckel aus dem Wasser gehoben und etwas schräg gehalten, so kann das Wasser ablaufen. Der Rahmendeckel wird abgehoben und das Sieb, mit der Faserschicht nach unten, schwungvoll auf ein feuchtes Filztuch gestürzt. Das Filztuch liegt auf einer der beiden Preßplatten. Das Sieb wird hochgehoben, und die Papierfaserschicht bleibt auf dem Filz zurück. Ein zweites feuchtes Filztuch wird darübergelegt und der nächste geschöpfte Papierbogen daraufgestürzt. So geht es weiter, bis die feuchten Filztücher verbraucht sind. Dann kommt die zweite Preßplatte darüber und der ganze Pauscht (siehe Seite 136) wird gepreßt. Läuft kein Wasser mehr heraus, werden die Filzlagen mit dem unten anhaftenden Papier flach auf trockene Tücher oder Zeitungsunterlagen gedrückt. Vorsichtig wird der Rand des geschöpften Papierbogens vom Filztuch gepellt und dann das Filztuch abgelöst.

Zum weiteren Trocknen können die Bögen über Rundhölzer gehängt werden. Durch Pressen oder Bügeln wird das noch etwas feuchte Papier geglättet.

7. Trocknen

Gautschtuch
Papier
Tuch- oder Zeitungsunterlage

Das Experimentieren mit Farben und das Mischen des Papierbreis mit anderen Materialien macht großen Spaß. Alles, was leicht und flach ist, eignet sich dazu, zum Beispiel getrocknete Blütenblätter, Konfetti, Glimmer, Sternchen, Seidenpapierstreifen, farbige Papierstückchen, Zwiebelschalen und vieles mehr. Auch Pflanzensamen kann man einstreuen, die sogar zu keimen beginnen, wenn man die trockenen Bögen wieder befeuchtet.
Zwischen zwei feuchte Bögen kann man auch ein Blatt, eine Feder oder ein Faltschnitt legen. Gegen das Licht gehalten, erkennt man den Gegenstand im getrockneten Papier wieder. Der Papierbrei kann auch mit Pflanzenfasern versetzt werden. Am besten gelingt es, wenn Papierbrei und Pflanzenfasern zu gleichen Teilen gemischt werden. Die Pflanzenfasern erhält man durch Zerkleinern, Einweichen, Kochen oder Mixen. Die Papierbögen auf dem Foto wurden zusätzlich mit Ahornblättern, Gräsern, Pappel- und Kastanienblättern versetzt. Es eignen sich auch Brennnesseln, Lauch, Selleriekraut, Rhabarber, Maisblätter und vieles mehr. Da heißt es ausprobieren!

KURZINFORMATION

PAPIER

Bei *maschinell* hergestelltem Papier laufen die Papierfasern in eine Richtung. Wenn sie feucht werden, dehnt sich der Bogen quer zu dieser Laufrichtung mehr aus, als in Laufrichtung. Beim Trocknen „verzieht" er sich. Die Laufrichtung bestimmt auch das Verhalten des Papieres, wenn es gefaltet, gerissen oder geklebt wird. Bei *handgeschöpftem* Papier sind die Fasern gleichmäßig verteilt. Es besitzt höhere Flexibilität und Widerstandsfähigkeit, als maschinell hergestelltes Papier.
Je größer die Faserdichte, desto schwerer ist das Papier. Sein Gewicht wird in Gramm pro Quadratmeter gemessen. Bis 250 g/qm spricht man von Papier, bis 600 g/qm von Karton und darüber von Pappe. Die Übergänge sind jedoch fließend.

Aktendeckel

farbiger Karton (siehe Karton).

Büttenpapier

ursprünglich aus der Bütte handgeschöpftes Papier; heute wird es vor allem auf der Rundsiebmaschine gewonnen und ist mit seinem unregelmäßigen Rand, oft mit Wasserzeichen versehen, den handgeschöpften Bogen sehr ähnlich.

Drachenpapier

siehe Pergamin

Geleimtes Papier

durch Zusatz von Leimstoffen, entweder auf der Papieroberfläche oder der Fasernsuspension beigefügt, wird die Saugfähigkeit des Papiers verringert.

Ingrespapier

ein Büttenpapier, in der Durchsicht mit hellen Rippen, nach Art des verwendeten Siebes. Es eignet sich gut für die Herstellung von Marmorpapieren auf Schleimgrund.

Japanpapier

handgeschöpfte Papiere aus den Bastfasern des Papiermaulbeerbaumes (Kozo), des Gampi- und Mitsumata-Strauches, unter Zusatz des Pflanzenschleimes einer Hibiskuswurzel. Seine langen Fasern machen auch sehr dünnes Papier noch besonders reißfest.

Karton

einlagig ist er sozusagen „dickeres" Papier. Bei mehrlagigem Karton werden mehrere feuchte Papierlagen zusammengepreßt.

Kreppapier

Farbiges Papier, in Kreppfalten gekräuselt; in der Laufrichtung dehnbar.

Kunstdruckpapier

hochwertiges Papier, mit gestrichener, glänzendglatter Oberfläche.

Origamipapier

quadratische Faltblätter, einfarbig, gemustert oder in Farbverläufen eingefärbt.

Pappe

ist schwerer als Papier und Karton. Sie besteht wie Karton aus mehreren, im feuchten Zustand zusammengepreßten Papierlagen. Am häufigsten werden Graupappe (elastisch, aus Altpapier) oder Braunpappe (elastisch, braun, aus gefärbtem Altpapier) verwendet.

Packpapier

Sammelname für zur Verpackung dienender Papiere von besonderer Steife und Elastizität, Reiß-, Knitter- und Scheuerfestigkeit.

Papier- oder Pappmaché

(franz. „zerkautes" Papier) Papierbrei, vorwiegend aus Zeitungspapier oder Eierkartons. Der Papierbrei entsteht durch Einweichen und Zerfasern der zerpflückten Grundstoffe – im Küchenmixgerät eine Arbeit von Sekunden. In ein Sieb gegossen, fließt das Wasser ab, und der zurückbleibende Papierbrei wird mit Leim oder Kleister und eventuell mit Füllstoffen wie Kreide, Tonmehl oder Kaolin versetzt. Die entstandene Modelliermasse wird auch „Bildhauerpapier" genannt. Im 19. Jahrhundert, vor der Erfindung des Kunststoffs, war sie seiner guten Eigenschaften wegen sehr beliebt: sie war preiswert und unzerbrechlich, war leicht und ließ sich gut bemalen. Man produzierte daraus Schachteln und Schalen, Puppenköpfe, Figuren, Bilderrahmen, Möbel und vieles mehr.

Pergamin

transparentes Buntpapier, besonders geeignet zum Basteln durchscheinender Laternen und Papierdrachen – auch Drachenpapier genannt.

Seidenpapier

sehr dünnes Papier (unter 30 g/qm), ist in vielen Farben erhältlich; färbt in Verbindung mit Wasser oder flüssigem Klebstoff ab.

Transparentpapier

durchscheinendes Papier aus hochwertigen, durch schonendes Mahlen gewonnenen Fasern.

Wachspapier

Hadernpapier, durch Imprägnieren mit Wachs, Paraffin oder Kunststoff wasserdicht bzw. wasserabweisend gemacht.

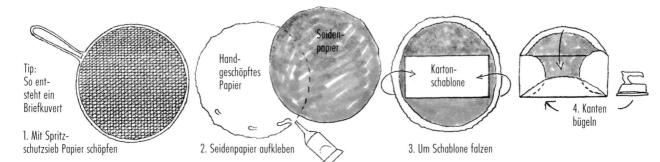

Tip: So entsteht ein Briefkuvert
1. Mit Spritzschutzsieb Papier schöpfen
2. Seidenpapier aufkleben
3. Um Schablone falzen
4. Kanten bügeln

Wellpappe

zeichnet sich trotz niederen Gewichts durch hohe Steifigkeit aus. Zwischen Papier- und Kartonlagen sind gewellte Papierlagen geklebt. Bei der einfachen elastischen Wellpappe ist eine gewellte Papierbahn auf eine glatte geklebt.

Zeichenpapier

weißes Papier mit geleimter Oberfläche.

Zeitungspapier

leichtes, holzhaltiges Papier. Eignet sich zum Kaschieren, für Kleister-Knüllpapierarbeiten und zum Papierschöpfen mit Kindern.

Zellstoff

durch chemischen Aufschluß von Holzfasern gewonnener Faserstoff.

AUS DER WERKSTATT DES PAPIERMACHERS

Mahlen

Zerkleinern und Zerfasern der Rohstoffe für den Papierbrei.

Aufschlämmen

Papierbrei mit Wasser versetzen.

Bütte

Gefäß, aus dem das Papier geschöpft wird.

Gautschtücher

ungefärbte Filztücher, auf die die frisch geschöpften Papierbogen vom Sieb gegautscht, d. h. abgedrückt werden. Für erstes Schöpfen eignet sich auch einfacher, preiswerter Dekorationsfilz.

Pauscht

nennt man den geschichteten Stapel feuchter Filztücher mit frischen Papierbögen, aus denen das Wasser gepreßt wird.

Schöpfrahmen

auch Form gennant, ist ein flaches, rechteckiges Sieb, mit dem die Papierbögen geschöpft werden.

Deckel

heißt der abnehmbare Rahmen, der über das rechteckige Sieb beim Schöpfen gelegt wird. Er grenzt den Papierbogen ein und sorgt für den typischen „Büttenrand" handgeschöpfter Papiere.

WERKZEUGE UND MATERIALIEN

Ahle, Stichel, Vorstecher

spitze Werkzeuge zum Löcherstechen.

Silhouettenschere

kleine, spitze Schere.

Papiermesser

Alu-Halter mit auswechselbaren Klingen.

Kleber

Papierklebestoffe von pastos (Klebestift) über dickflüssig (Tube, klar) bis flüssig (Flasche) von verschiedenen Firmen – auch ohne Lösungsmittel (Dämpfe!) – erhältlich.

Weißleim

synthetischer Leim (Planatol, Caparol, Ponal), mit Wasser verdünnbar; besonders geeignet für Buchbindearbeiten und als Bindezusatz der Papier-Schöpfemulsion.

Kleister

Zellulose-Klebstoff (Glutofix, Metylan), eignet sich zum Kleben von Papier, zum Kaschieren (=überkleben mit Papier), als Marmoriergrund und für die Herstellung farbiger Kleisterpapiere.

Klebeband

transparenter, farbloser PVC-Folienfilm.

Packband

hellbrauner, breiter, besonders kräftiger Verpackungs- und Abdeckfilm.

Kreppklebeband

Klebestreifen aus dehnbarem Spezial-Kreppapier.

Musterklammer

in verschiedenen Größen erhältlich – Messingklammer mit Flügeln, zum Verschließen von Versandtüten.

Styropor

Hartschaumstoff, in verschiedenen Plattenstärken.

Ytongsteine

poröser Leichtbaustein.

Kaolin

Porzellanerde (China-clay), weißes Tonerdenpulver; als Füllstoff beim Papierschöpfen geeignet; im Töpfereibedarf erhältlich.

Gips

die gebrannte, pulverisierte Form des mineralischen Gipssteins;
Tip: Gipspulver immer in Wasser einrühren, nicht umgekehrt! Das Verhältnis ist 1/3 Gips : 2/3 Wasser. Die Masse muß schnell verwendet werden; sie hat in ca. 10 Minuten abgebunden.

Hasengitter

dünner, verzinkter Maschendraht.

Blumendraht

dünner Wickeldraht.

REGISTER

Aktendeckel
schneiden, lochen, zusammenstecken:
Fuchs 55

Buntpapier
rollen: Armband 11
falten: Falter 26, Kimono 27
herstellen: Kleisterpapier 124,
Marmorpapier 126, Batikpapier 128

Fotokarton
schneiden, stecken: Kartenschloß 108

Graupappe
schneiden, bemalen:
Handspielpuppen 51
zusammenkleben oder -klammern:
Mäuse-Puppen 49, Fee 54, Helm 85,
Hampelfiguren 50, 52
zusammenstecken:
Cowboy und Pferd 43, Krippe 122

Illustriertenpapier
falten: Schiff 22, Südwester 22,
Jacke 22
rollen: Achterbahn 36

Konfetti
aufkleben: Kasperl 75

Kreppapier
weben: Gans 60
flechten: Kranz 61, Hut 63
drehen: Ketten 63
kräuseln, umwinden:
Blumengebinde 64, Stockrosen 65

Luftschlangen
fixieren: Locken 12
rollen: Figuren 13, Schnecke 13,
Becher 13, Schale 13, Hörner 13

Milch- oder Safttüten
bemalen, bekleben: Dampfer 30, Fisch
31, Seeungeheuer 31, Arche 31
auseinanderschneiden: Aquädukt 31

**Modelliermasse aus Papiermaché
und Sägemehl**
formen: Kasperlköpfe 94,
Birnen 95

Origami-Faltpapier
falten: Girlande 19
einschneiden, einschlagen:
Windräder 111

Packpapier
flechten: Körbchen 66
ausschneiden: Indianer 114
falten, bemalen: Weihnachtstüten 118,
Raben 119

Papier- oder Pappmaché
in Ytongform drücken: Büsten 96
in Gipsform drücken: Autos 99,
Bäume 100
auf Stein modellieren: Indianerkopf,
Muschel, Schnecke, Seestern 101

Papprollen
*schneiden, bemalen, bekleben,
zusammenknüpfen:* Stabpuppen 56
sägen, bekleben: Schwein 57
sägen, kaschieren: Kuh 57
bemalen, stapeln: Turm 58
bemalen, auffädeln: Girlande 58
bemalen, aufkleben: Flipper 59

Pergaminpapier
reißen, aufkleben: Ei 70, Hexe 74
schneiden, aufkleben: Vögel 73
reißen, kleben: Mobile 90

**Schachteln und
Verpackungs-Karton**
*bemalen, einschneiden, zusammen-
kleben:* Jahrmarktsbude 35,
Hexenhaus 40, Westernstadt 42,
Planwagen 43, Orientalische Stadt 44,
Auto 46, Abschleppwagen 47,
Haus 48, Kleine Möbel 49,
Zauberkasten 106, Guckkasten-
Diorama 107

Schreibmaschinenpapier
bemalen, falten: Girlande 18
falten: Pfeil 112, Schwalbe 112
schneiden: Drachen 113

Seidenpapier
knüllen, aufkleben: Hyazinthen 8
verdrehen, krausen, knüllen:
Gartenpflanzen 9
rollen, verdrehen, zusammenbinden:
Prinzessin 24
reißen, aufkleben: Löwenzahn 73
kaschieren: Laternen 91
schneiden: Deckchen 115

Tonpapier
falten: Sonne 18
schneiden, kaschieren: Schwein 57
schneiden, rollen, kleben:
Sonnenblumen 102
schneiden, zusammenkleben:
Fesselballon 103
schneiden: Christkindlmarkt 116,
Laterne 117

Wachspapier
falten: Ente 24

Wattebälle
auffädeln: Ketten 10, 11

Wellpappe (weich)
rollen, kleben: Karussell 14
rollen, kaschieren: Hunde 16, Hirte
mit Tieren 17

Wellpappekarton
schneiden, zusammenkleben:
Gartenhaus 8
schneiden, bekleben, bemalen:
Schild 84, Schützenscheibe 85
schneiden, bekleben:
kleine Marionetten 93

Zeichenkarton (dünn)
schneiden, biegen, rollen, knicken:
Igel 7, Schlange 7, Schnecke 7, Echse 7
bemalen, falten: Drache 20
schneiden, ritzen, knicken, kleben:
Kugelturm 32, Brücke 33
bemalen, ausschneiden:
Lebkuchenbild 41
bemalen, ausschneiden, ankleben:
Aquarium 104, Blumenmarkt 105
bemalen, ausschneiden, einschneiden:
Blumen und Schale 105

Zeichenkarton (mittelstark)
einschneiden, knicken:
Windblüten 111

Zeichenkarton (kräftig)
schneiden, ritzen, knicken: Theater 92

Zeichenpapier
schneiden, kleben, flechten:
Körbchen 67
falten, ausschneiden:
Schablonen-Eier 71
reißen, kleben: Mosaik „Mann mit
Hut" 75

Zeitungspapier

rollen, bemalen: Schiffschaukelgerüst 34, Pfahlbaudorf 38

knüllen, kleben: Kissen 82

knüllen, kaschieren: Hase 68, Hühner 69, Hasenkind 69

kaschieren über Styropor: Ei 70

kaschieren über Luftballon: Kopfmaske 76, Zwerg 86

kaschieren über Hasengitter: Vorhaltemaske 78, Elefant 88

kaschieren über Äste und Schnüre: Indianerzelt 82

kaschieren über hohle Eier: Fingerpuppen 87

kaschieren über Ytongstein: Frauenbüste 97

kaschieren über Ton: Maske 80, Häuser 98

Achterbahn 36
Aquädukt 31
Aquarium 104
Arche 31
Armband 11
Auto 46, 47, 99

Bäume 100
Becher 13
Birnen 95
Blumen 28, 64, 65, 72, 105
Blumenmarkt 105
Blüten 111
Brücke 33
Büsten 96

Christkindlmarkt 116
Cowboy 43

Dampfer 30
Deckchen 115
Drachen 20, 113

Eierköpfe 87
Elefant 88
Ente 24

Faltflieger 112
Fee 54
Fesselballon 103
Fingerpuppen 87
Fisch 31
Flechtstern 121
Flipper 59
Fuchs 55

Gans 60
Garten 9
Geschichte des Papiers 130
Girlande 18, 19, 58
Glücksschwein 57
Guckkasten-Diorama 107

Hampelpuppen 52
Handspielpuppen 51, 119
Hase 68
Hasenkind 69
Haus 31, 48, 98
Helm 85
Hexe 74
Hexenhaus 40
Hirte mit Tieren 17
Hörner 13
Hühner 69
Hunde 16
Hut 63, 77
Hyazinthe 8

Indianer 114
Indianerkopf 101
Indianerzelt 82

Jacke 22
Jahrmarktsbude 35
Japanerin 27

Kartenschloß 108
Karussell 14
Ketten 10, 11, 62
Kissen 82
Kleisterpapier 124
Körbchen 66, 67
Konfetti-Kasperl 75
Kranz 61
Krippenfiguren 122, 123
Kugelturm 32
Kuh 57

Laternen 91, 117, 118
Lebkuchen 41
Libelle 6
Löwenzahn 72
Luftschlangen-Figuren 13

Marionetten 93
Marktstand 105
Marmorpapier 126
Masken 76, 78, 80
Mäuse-Puppen 49
Mobile 90
Muschel 101

Orientalische Stadt 44
Öltunkpapier 126
Osterei 71

Papierschöpfen 132, 134
Papiertiere 6, 7
Perücke 12
Pfahlbaudorf 38
Phantasieblumen 28, 29
Pinselbatik 129
Planwagen 43
Prinzessin 24

Raben 119
Riesenei 70

Sandhorngras 13
Schale 13, 95
Schaukel-Kasperl 109
Schiff 22
Schiffschaukel 34
Schild 84
Schloß 45
Schmetterling 26
Schnecke 7, 13, 101
Schnipsel-Mosaik 75
Schrebergarten 8
Schützenscheibe 85
Seestern 101
Seeungeheuer 31
Sonne 18
Sonnenblume 102
Stabpuppen 56, 94
Südwester 22

Tauchbatik 128
Theater 92
Tipi 82
Tropfbatik 129
Tulpe 28, 29
Turm 58

Überraschungsstern 120

Vogel-Hampelfigur 50
Vögel-Fensterbild 73

Weihnachtstüten 118
Westernstadt 42
Windblüten 111
Windradbaum 110

Zauberkasten 106
Zirkusfiguren 52
Zwerg 86

tesa kleber ohne Lösungsmittel.
Sicher ist sicher.

Einfach tesa. Alles bestens.

tesakleber ohne Lösungsmittel klebt ● bevorzugt ● bedingt	Vielzweckkleber	Klebstift	Holzleim	Kontaktleim
Filz	●	●	●	●
Folie	●			
Foto	●	●		
Gewebe	●	●	●	●
Glas	●			
Gummi				●
Holz	●	●		●
Keramik	●			●
Kork	●	●		●
Kunststoff	●			
Leder	●	●	●	
Metall	●			
Papier	●	●	●	
Pappe	●	●	●	●
Porzellan	●			●
Stein	●			●
Schaumstoff hart	●	●	●	●
Schaumstoff weich	●	●	●	●

Allgemeine Verarbeitungshinweise:
Klebflächen müssen sauber und fettfrei sein. Klebstoffe und Werkstoffe sollten raumtemperaturwarm sein. Klebstoff dünn auftragen (bei Papier saugfähige Unterlage verwenden). Es liegt in der Natur der Sache, daß wäßrige Klebstoffe Papier wellen und langsamer trocknen als lösungsmittelhaltige Klebstoffe. Die Klebkraft ist jedoch nach dem vollständigen Durchtrocknen der Klebstoffe voll vergleichbar.

Naß-Kleben: Nach einseitigem, gleichmäßig dünnem Klebstoffauftrag Teile sofort zusammenfügen. Ein Fügeteil muß dabei wasserdampfdurchlässig sein. Korrektur möglich. Geringe Anfangsklebkraft. Während der Trockenzeit Teile zwischen saugfähigen Platten pressen.

Kontakt-Leimen: Klebstoff beidseitig mit Spachtel dünn auftragen. Trocknen lassen, bis Klebstoff transparent ist. Die paßgenau aufeinandergelegten Teile kurz, aber kräftig anpressen. Anfangsklebkraft ist sofort vorhanden. Keine Korrektur möglich.

BDF ●●●●
Beiersdorf AG